처음 공부하는
독심술

처음 공부하는
독심술

김문성 지음

공감과 소통을 위한 마음의 레시피

마음을 읽고 마음을 사로잡는 모든 것
적도 내 편으로 이끄는 심리학 사용법

스타북스

머리글

사람 마음은
무엇으로 읽는가

마음을 얻기 위해서는 상대의 마음을 읽어야 한다. 사람은 누구나 습관이 있고, 습관은 말이나 몸짓 그리고 행동으로 나타난다. 따라서 상대의 언어나 표정에 나타나는 행동을 보면 그 사람의 생각이나 심리를 읽을 수 있다. 자신을 이해하고 타인을 알아가는 데서 시작되는 커뮤니케이션은 심리학이라는 과학적 학문으로 발전되어 왔다. 커뮤니케이션을 할 때는 말뿐만 아니라 표정, 몸짓, 눈짓 등이 영향을 끼친다. 심지어 소지품까지 당사자의 메시지를 전달하는 요소이다. 이 책은 말, 몸동작, 소지품 등 전반적인 영역에 걸쳐 상대방의 심리를 분석하고 상황을 자신에게 유리하도록 만드는 마법 같은 마음의 메커니즘을 소개한다.

Part 1에서는 '말'에 대해 다룬다. 말은 감정을 가장 직접적으로 전달하는 수단이다. 말에는 그 사람의 성격, 취향은 물론 인생관과 가치관이 담겨 있다. 따라서 그 사람이 자주 쓰는 말을 들으면 어떤 생각을 하는지 알 수 있다. 심리학적으로 접근해 말버릇, 대화법, 어떤 발언을 하는가를 구체적으로 파악한다. 쉽게 간과하는 점은 비언어(눈짓, 손짓, 발짓, 표정 등)를 언어의 보조 수단으로만 알고 있다는 것이다.

Part 2에서는 몸짓에 숨겨진 심리를 담았다. 이러한 비언어적 메시지는 일상생활에서 막연히 느끼고 있다. 말로 하지 않아도 상대방의 심리나 진의를 알 수 있는 것은 우리가 '감'으로 비언어적 메시지를 눈치 채기 때문이다. 그러나 '감'으로 말하지 않아도 소통하는 상황이 생기는가 하면 오해도 생긴다. 앞서 말한 말 또한 마찬가지다. 직접적인 감정 전달이지만 그 이면에는 복잡한 심리가 숨겨져 있다. 같은 말을 들었다고 해서 모두 같은 해석이 나오지 않는다. 그래서 이 책은 심리학자의 이론과 사례가 녹아 있는 내용을 짤막하게 소개함으로써 그 '감'에 구체적 근거를 불어넣는다.

Part 3에서는 스타일이나 패션 기호품으로 읽을 수 있는 심리를 정리했다. 우리가 입는 옷, 신발, 안경, 휴대전화 등 소지품에서도 상대의 심리를 알 수 있다. 따라서 의식적으로 하는 말이든 무의식적으로 하는 표정과 행동이든 모든 것에서 심리를 읽고 대응할 수 있도록 친절하게 정리한 유익한 책이다.

몰라도 되지만 알면 알수록 인간관계와 사회생활이 즐거워지는 이 책은 마음을 비우고 가볍게 읽기를 권한다. 심리학을 아는 이는 이 책의 내용이 심리학자의 이론과 실험이 녹아있는 내용임을 알 것이다. 그러나 모르는 상태로 읽어도 자연스럽게 심리학을 체득할 수 있다. 순간마다 변하는 상황들에도 대처할 수 있다. 그리고 이 상황들은 우리가 자주 부딪히는 상황들이다.

말, 몸동작, 소지품 그리고 이를 실전에서 응용할 수 있는 부분까지 꾸민 구성대로 읽어도 좋고 흥미가 있는 부분을 골라서 읽어도 좋다. 재미를 느끼며 읽는 동안 사람의 심리를 꿰뚫고 자기를 이해할 수 있다. 부담 없이 읽는 것만으로 타인을 이해하는 심리학에 가까워지는 것이다.

몰라도 되지만 알면 알수록 마음이 풍성해지고 오감이 깨어나는 느낌에 기분이 좋아질 것이다.

차례

⑤ 마음을 사로잡는 말의 힘

PART 2. 행동에 숨겨진 심리

 1 눈이 말하는 심리학

② 얼굴에 숨겨진 심리학

5 행동으로 읽는 심리학

6 몸짓이 말하는 심리학

PART 3. 스타일에 숨겨진 심리

1 패션을 보고 마음을 읽는다

② 액세서리로 성격을 읽는다

❸ 소지품으로 심리를 읽는다

4 기호품으로 심리를 읽는다

Part 1
말에 숨겨진 심리

1

말버릇으로
들여다보기

모든 의견을
긍정하는 사람

의견을 내놓거나 말을 했을 때 상대방의 반응을 신경 쓰는 것은 당연하다. 아무리 사소한 내용이라도 "그건 아니지" 하며 반대 의견을 듣는 일보다 "나도 그렇게 생각해" 하며 공감해 주면 인정받았다는 생각에 기분이 좋아진다.

그런데 상대방의 말에 무조건 동의하는 사람도 있다. 이런 사람은 진심으로 의견에 동의하는지 알 수 없기 때문에 그 행동에 넘어가지 않도록 조심해야 한다.

무엇이든 긍정적인 반응을 보이는 사람은 단순히 '좋은 사람으로 보이고 싶다' '호감을 얻는 사람이고 싶다'는 생각에 긍정적으로 대답할 뿐이다. 따라서 상대방의 의견을 부정하지 않고 자신의 평가를 높게 받으려는 목적이 있다.

심한 말을 하거나 비판을 하면 미움을 사기 때문에 긍정적으로 대답하지만 다음 날 바로 그 의견에 대한 부정적인 의견에도 공감하는 타입이다.

물론 모든 행동을 의심할 필요는 없지만 너무 신뢰해서 후회하는 일은 없도록 해야 한다. 일상 이야기라면 괜찮지만 이런 사람에게 진지한 고민 등을 상담하는 것은 권하지 않는다.

'우리'를
쉽게 말하는 사람

쉽게 '우리 회사' '우리 부서' '우리 그룹'처럼 우리를 말하는 사람이 있다. 자신의 부인을 가리킬 때도 "우리 아내가"라고 말한다. 여기서 말하는 우리는 물론 '집안'을 가리키지만 이것과 동일하게 '우리 회사' '우리 부서'라고 표현하는 말 또한 강한 가족 의식을 나타낸다.

대화 도중에 우리라는 단어가 나올 때마다 '당신은 우리쪽 사람이 아니라 밖의 사람입니다'라고 환기시키려는 의도가 보인다면 긴장해야 한다. 그들은 외부 사람을 배제하려는 경향이 있어 협상을 할 때는 아주 힘든 상대다. 그러면 만약 '우리'를 연발하는 상대방과 대립하면 안 될 상황에서는 어떻게 하면 좋을까.

이런 상대방과는 성급하게 일을 진행해서는 안 된다. 먼저 조금씩 거리를 좁혀 친근감을 느끼도록 노력하는 것이 상책이다. 일단 벽이 무너져 상대방의 내부에 들어갔다면 이때만큼 든든한 아군은 없을 정도로 믿음직스럽다. 어느 순간 상대방이 당신을 '우리' 속에 포함시킬 것이다.

'괜찮아'가
말버릇인 사람

평소에 늘 "괜찮아, 괜찮아"라고 입버릇처럼 말하는 사람은 밝고 긍정적인 인상을 주기 쉽지만 실은 주의해야 할 인물이다.

이런 말을 입버릇처럼 하는 사람은 위기관리가 되지 않는 타입일 가능성이 높다. 이 사람이 "괜찮아"라고 계속 반복하는 이유는 '다른 사람은 불운이 닥쳐도 자신만은 괜찮다'는 근거 없는 자신감이 있기 때문이다.

그래서 고수익을 얻을 수 있지만 위험이 높은 투자나 비즈니스에도 '나는 괜찮다'고 생각하고 서슴없이 진행한다.

만약 이런 타입과 함께 일을 하게 된다면 단단히 고삐를 잡고 조절할 수밖에 없다. 상대방이 "괜찮아, 괜찮아"라며 폭주할 것처럼 행동하면 "이런 불이익이 생기면 어떻게 할거야"라고 일단은 저지하고 시간을 갖도록 한다.

친절이 아니라 함께 나락으로 빠지지 않기 위한 자구책이다. 위기관리가 되지 않는 사람과 관계를 맺고 있을 때야말로 위기관리가 필요한 시기다.

자신을 쉽게
비하하는 이유는 뭘까?

"나는 뭐든 할 수 있다"고 말하며 자신을 알리는 사람이 있다. 이렇게 자기에 대한 평가가 높은 사람은 금방 질리지만 반대로 어떤 일에도 "나에게는 그런 능력이 없다" 또는 "나는 못해"라며 자신을 비하하는 사람도 곤란하다.

이처럼 자신의 무능함을 알리는 일을 습관처럼 하는 사람은 자신을 비하해서 상대방의 호의를 유도하려는 목적이 있다.

간단하게 말하면 자신을 밑으로 내린 뒤 상대방이 다시 올려 주기를 바라는 것이다. 물론 절대 본인이 무능하다고 생각하지 않는다. 어디까지나 상대방이 "그럴 리가요. 그렇지 않습니다. 당신은 정말 잘 해낼 수 있는 사람입니다" 하고 말해 주기를 기다리고 있다.

만일 자신을 낮추는 말을 하는 상대방에게 "네. 그럴지도 몰라요" 하고 반응하면 굉장히 불쾌해할 것이다. 마음에 들지 않는 상대방이라면 그 말에 동의하여 기분을 상하게 할 수도 있지만 좋은 관계를 유지하기 위해 "그렇지 않습니다"라며 치켜세워 주는 방법이 좋다.

'이것 좀 해 줄래?'를
연발하는 사람의 심리

남에게 기분 나쁘지 않게 적절한 타이밍에 부탁할 줄 아는 사람은 업무 능력이 탁월하다고 할 수는 없지만 주위 사람과 인간관계가 원활하다.

그렇지만 같은 부탁이라도 너무 쉽게 "이것 좀 해 줄래?"를 연발하는 사람은 상대방을 불쾌하게 만든다. 잘 모르는 전문 분야는 그렇다 치더라도 인터넷을 검색하면 금방 알 수 있는 일도 "이것 좀 검색해 줄래?" "이것 좀 알려 줄래?"라며 일을 시킨다. 이런 사람은 상대방을 번거롭게 하는 일을 개의치 않는다.

이렇게 쉽게 의지하며 부탁하는 사람은 다른 사람에게 의존하는 일에 거리낌이 없다. 일에 관심이 없고 무덤덤한 사람에게 많은 타입이며 악의는 없지만 어쩌면 '상대방이 할 줄 아는데 굳이 나설 이유가 없다'는 교활한 생각을 하는지도 모른다.

반면 자신이 이용되는 일은 극도로 싫어해서 부탁받은 일은 제대로 처리하지 않는다. 이런 사람과는 적당한 거리를 두면서 관계를 유지하는 것이 좋다.

'요약하면'이라는 말을
자주 쓰는 이유

사회생활을 하다 보면 자연히 역할이 나눠진다. 회의에서
나 사적인 회식 자리에서 말을 아주 잘하는 사람, 남의 말을
잘 들어주는 사람, 분위기를 잘 맞춰 주는 사람 등 각자의 성
격에 따라 집단에서 하는 역할이 있다.

그중에서 기회가 있을 때마다 집단 내 분위기를 결정짓고
집단을 이끄는 '주최자 역할'은 대부분 한 사람이 맡지만 이런
사람이 자주 내뱉는 말이 '요약하면'이다.

누군가가 순서를 정해서 이야기하는 도중에도 "요약하면
당신이 말하고 싶은 것이 ~라는 것인가?"라며 말을 끊는다.
이 타입은 그 자리를 지배하고 싶어 하는 '지배 욕구'가 있다.

일반적으로 '요약하면'이라는 단어는 이야기하는 사람의
설명이 너무 복잡해서 요점을 알 수 없을 때 사회자나 리더가
도움을 주기 위한 의도로 쓴다. 그렇지만 지배 욕구가 강한 사
람은 상대방의 이야기나 상하 관계에 관계없이 이 단어를 자
주 쓴다. 때로는 '요약하면'을 말하지만 입버릇처럼 요약이 잘
되지 않는 사람도 있다. 이런 사람이 말 중간에 끼어드는 것도
'주최자 역할을 하고 싶다'는 욕심 때문이다.

친밀하면
닮아간다

흔히 사이가 좋고 서로 마음이 잘 맞는 부부는 얼굴이 점점 닮아간다고 이야기한다. 물론 과학적 근거는 없지만 예를 들어 어느 한쪽의 웃는 모습이 상대방에게 옮겨지고 분위기가 닮아간다. 웃는 모습과 같은 표정뿐 아니라 입버릇도 닮는다.

상대방의 입버릇을 자신도 모르게 흉내 내거나 반대로 자신의 입버릇을 상대방이 따라 한다. 만약 이런 현상이 일어나면 자신과 상대방은 사고방식이 잘 맞다는 증거다.

이를 전문적으로는 '동조 현상'이라고 부르는데 친밀도가 높은 사람들끼리는 동작이나 말버릇 행동이 닮는다. 친밀감을 느끼는 상대방의 언행을 따라 하는 것은 상대방과 더욱 친밀해지고 싶은 욕구 때문이다. 이에 반해 상대방을 싫어하면 입버릇이나 동작을 따라 하지 않는다. 싫어하는 사람의 언동을 기피하고 과민하게 반응하며 절대로 따라 하지 않으려고 경계한다.

사고방식이 서로 맞는 상대방과 입버릇이 비슷해지는 현상은 무의식중에 일어나는 경우가 대부분이다. 상대방을 호의적으로 받아들이면 의식적이지 않더라도 자연스럽게 따라 하기 마련이다.

친근감을 높이려면
이름을 불러라

　관계가 어색한 사람과 대화할 때는 상대방의 이름을 부르는 화법이 쉽게 친근감을 높일 수 있다고 한다. 예를 들어서 "출신이 어디신지요?"라고 묻기보다는 "○○씨는 어디 출신이신가요?"라고 먼저 이름을 앞에 부르는 쪽이 훨씬 가까워지기 쉽다.

　이렇게 이름을 부르는 화법이 친근감의 표현이면 반대로 벽을 느끼게 하는 화법은 '당신'이라 부르는 호칭이다. 몇 번이나 만남을 가졌지만 당신이라 부르거나 너라고 부르는 사람은 상대방과 좋은 관계를 쌓을 의사가 없는 사람처럼 보인다.

　영업에서 알게 된 관계를 이어 가고 싶어 하는 경우는 이름을 부르면서 ○○씨라고 친근하게 대한다면 거리를 좁힐 수 있지만 가능하지 않다면 적당한 선에서 유지하는 것이 좋다.

　또 한편 확실한 상하 관계가 존재하지 않는데도 상대방을 '너'라고 부르는 사람은 거만하고 자신이 우위를 점하고 싶은 욕구가 강한 사람이다. 이런 권위주의적인 사람은 알고 보면 두려움이 많은 성격이므로 불쾌감이 들 때는 확실하게 의사 표시를 하는 것이 효과적이다.

'그냥 됐어'라는 말을
믿으면 위험하다

　비즈니스에서 거래를 할 때 우리 쪽이 실수를 해서 두근두근 가슴을 졸이며 상대방에게 사죄를 하면 "그냥 됐어. 어쩔 수 없지" 하고 김빠진 반응을 보일 때가 종종 있다.

　좋게 마무리됐다고 생각하지만 자세히 관찰하면 '그냥 됐어'라는 말은 상대방의 평소 입버릇이다. 도대체 이런 사람은 어떤 사람일까. 사실은 '그냥 됐어'라는 말을 누구에게 하느냐에 따라 그 뉘앙스가 변한다.

　예를 들어 업무 결과에 대해 "그냥 됐어"라고 하면 이는 적당한 타협을 하는 것이다. 그렇지만 이것을 다른 사람과의 관계에서 사용하면 '타협합니다' '양보합니다'라는 의미로 변한다. 때로는 이것을 역으로 이용해서 우위를 점하기 위해 사용하는 사람도 있다. 그래서 '지는 것이 이기는 것이다'를 의도적으로 연출한다. 이런 때는 "그냥 됐어"라고 말하지만 계속 마음속에 담아 둘 가능성이 높다.

　따라서 입버릇처럼 '그냥 됐어'라고 자주 말하는 사람의 말을 그 의미 그대로 해석하는 것은 위험이 따른다는 사실을 기억해 두자.

'왜냐하면'이라는 말을
자주 쓰는 이유

가령 "나는 이렇게 생각해 왜냐하면" "그 예산은 삭감해야 하지 않을까. 왜냐하면 이런 문제는~" 하고 자신의 의견을 말한 뒤에 바로 '왜냐하면'을 덧붙이는 사람이 많다. 이 '왜냐하면'은 논리적으로 의견을 주장할 때 쓰면 좋다고 알려져 있다. 실제로 상황을 정리하고 논리 있게 설명하는 단어다.

그렇지만 이 단어를 빈번하게 쓴다고 해서 논리적인 사람인가 하면 그렇지는 않다. 일부러 논리적인 사람으로 보이기 위해서 무의식적으로 이 단어를 사용하는 사람도 있다.

단순한 연출인지 진짜인지를 판단하기 위해서는 '왜냐하면'의 뒤에 어떤 이야기가 전개되고 어떤 결말에 이르는지를 잘 들어 봐야 한다. 주제나 핵심 없이 오로지 '왜냐하면'으로 이야기를 장황하게 하거나 이렇다 할 결론이 없다면 그저 연출인 경우다.

말을 많이 하고 '왜냐하면'을 계속 쓰면 지적이거나 논리적인 사람으로 보이는 것은 사실이다. 초면에 상대방에게 '논리적인 사람'으로 보이고 싶다면 이런 기술을 쓸 수도 있겠다. 하지만 자주 사용하면 결국 들통나게 되니 주의하자.

하나만 듣고
다 아는 듯 행동하는 사람

하나를 듣고 열을 알 정도로 똑똑하지는 않지만 사람의 이야기를 서두 부분만 듣고 바로 "알았어"라고 대답하는 사람은 머리가 좋은 사람처럼 보인다.

그런데 그 사람이 정확하게 이해하는지는 의구심이 든다. 입으로는 알았다고 말해도 상대방이 말하고자 하는 바의 90%를 다르게 해석하고 있으면 의미가 없다.

이렇게 사람의 이야기를 마지막까지 듣지 않고 이해하는 사람은 머리 회전은 빠르지만 인내력이 부족하고 뒷심이 딸린다. 용두사미로 끝날 가능성이 높다.

급하게 결론을 내는 타입은 이야기를 받아들이는 속도는 빠르나 금방 싫증을 내기도 한다. 여러 정보를 겉으로만 듣고 납득하기 때문에 하나의 일에 집중해서 마지막까지 끝내는 일이 힘들다. 그래서 바로 "알았어"라고 하는 사람에게 이야기 전체를 이해시키고 싶다면 가능한 간결하게 글로 적어서 문서화하는 것이 좋다.

장황하게 문장들이 늘어져 있으면 마지막 부분만 읽고 다 읽은 듯 행동하므로 간결한 문장으로 이해시켜야 한다.

자주 쓰는 말로
보는 성격

　무분별하게 은어, 속어 등을 사용하는 사람이 늘어 언어 붕괴를 한탄하는 이들도 적지 않다. 하지만 언어는 옛날부터 서서히 변화하면서 쓰였다. 젊은이들의 언어는 현재 시대상을 훌륭하게 반영하고 있다.

　속어들을 보면 'ㄲ'이나 'ㅆ'이 들어가는 강한 발음의 말들이 많은데 이는 발음을 세게 말함으로써 스트레스를 풀거나 강하게 뜻을 전달하려는 것이다. 줄임말은 장황하게 설명하기보다 함축적으로 나타내려는 의도이다.

　은어나 속어는 아니어도 자주 쓰는 말에서 개인의 성향을 볼 수 있다. 몇 가지 말을 예로 들어 보면 '아마도'라는 말을 자주 쓰는데 상대방을 상처 주지 않으려는 배려심이 있는 반면 애매한 주장밖에 할 수 없고 태도가 분명치 않은 면도 있다.

　혹은 '~인 것 같다'라는 말로 주장을 마무리하면 살짝 발을 빼는 느낌이 강하다. 어떤 상황에 깊게 개입하지 않고 적당히 끝내려는 생각이 많다.

　또 '역시'가 입버릇인 사람은 붙임성이 좋고 협동심이 많은 반면 상상력이 부족해서 생각이 얕고 쉽게 포기하는 경향이 종종 있다.

또 '그렇지만' '그래서'라는 말에는 강한 자기주장이 숨겨져 있다. 이 말을 자주 사용하는 사람은 자기중심적인 경향이 있다.

2

난처한 상황
빠져나가기

잘못한 뒤 화내는 사람,
어떻게 해야 할까?

어떤 일에 실패하거나 상대방에게 실례되는 행동을 했다면 보통은 먼저 사과를 한다. 두 번 다시 만날 일이 없는 사람이라면 몰라도 동료나 친구는 앞으로의 관계에도 영향을 주니 가능한 좋은 분위기로 이야기를 마무리하고 싶을 것이다. 그런데 개중에는 "당신이 나빴어"라며 역으로 화를 내거나 "어차피 나는 머리가 나쁘니까" 하며 주눅이 드는 사람도 있다.

상대방을 공격하거나 자신의 성격을 깎아내리고 본인을 무시하듯 말하는 사람은 자존감이 낮고 주위의 사람들이 적으로 보여서 공격당할지 모른다는 불안감이 크다. 그래서 먼저 "당신이 나빴어" 하고 필요 없는 갑옷을 입고 상대방을 위협하거나, 스스로를 공격하며 "나는 머리가 나쁘니까"라는 식으로 자책한다. 이런 사람에게 직접적으로 반발하면 더욱더 공격 본능을 자극한다. 제대로 된 대화를 나누기 위해서는 "그렇게는 안 보이는데"라며 부드럽게 흘려버리거나 감정적으로 반응을 보이지 않는 방법이 좋다.

아주 고집 센 사람이 아닌 이상 오히려 나중에는 자신도 잘못했을지 모른다며 반성하고 마음을 열어 줄 것이다.

경솔하게 말하는 사람,
어떻게 해야 할까?

성인이 되어 사회생활을 하는 모든 사람이 품위 있고 분별 있는 것은 아니다. 유감스럽게도 나이를 먹어도 비상식적이고 품위 없는 행동을 반복하는 사람도 있다.

특히 다른 사람의 결점을 아주 즐겁게 꺼내 이야기하고 마지막에 "나는 거짓말을 하는 사람 아니야"라며 정당화하는 사람은 어떻게 해 볼 도리가 없다. 이런 타입의 이야기는 듣고 있는 사람에게 불쾌함을 준다.

속으로는 '거짓말쟁이는 아니라도 아주 볼품없어 보인다'고 시원하게 한마디 해 주고 싶지만 좀처럼 쉽게 말이 나오지 않는다. 그렇지만 쉬운 방법으로 살짝 응징할 수 있는 방법이 있다. 예를 들어 상대방이 "그 녀석 웃지도 못할 만큼 음치야. 저번에 노래방에 같이 간 친구가 정신을 잃을 정도의 음치라잖아"라고 말하면 "뭐? 웃지도 못할 정도? 정신을 잃을 만큼?" 하고 비상식적인 부분만 반복해서 이야기한다.

이런 사람은 아무런 생각 없이 분위기로 발언을 하는 경우가 많아서 그 버릇을 고치기 위해서는 같은 말을 반복하면 "아. 농담이야 농담" 하면서 말을 정정할 것이다.

억지 쓰는
상대방 설득법

아무리 애원해도 결혼을 허락하지 않는 완고한 아버지가 있다. 무리하게 설득할 때는 듣지 않았지만 나중에 아이가 생겼다는 사실을 이야기했을 때 의외로 반대는커녕 손자에게 흠뻑 빠졌다. 이 사례에서 알 수 있는 것은 억지만 쓰는 상대방에게는 사후 보고로 공략하는 처세술이 효과적이라는 것이다.

아무리 성의를 다해서 이야기를 해도 전혀 이야기가 진행되지 않는 경우가 자주 있다. 업무에서도 부하 직원의 말을 전혀 듣지 않는 상사를 설득하는 데 시간이 걸려 좋은 기회를 놓치기도 한다.

이런 사람에게는 정면공격이 통하지 않기 때문에 모든 상황이 끝나고 난 뒤 사후 보고를 하는 편이 나을 수 있다.

'속도위반 결혼'까지는 아니지만 기정사실을 만들고 이미 돌아갈 수 없는 상황이 되어 아무 일 없었다는 듯 "이렇게 되었습니다"라고 보고하는 것이다.

상대방의 성격이나 사안도 살펴봐야 하지만 의외로 쉽게 인정을 받을 수도 있다. 특히 아무런 이유도 없이 무엇이든 이야기를 들으려 하지 않는 타입에게는 이런 공략법을 권한다.

성격이 급한
사람과의 대화법

성격이 급한 사람 중 심한 사람은 마치 숨을 쉬고 있지 않는 것처럼 빨리 말을 한다. 이런 사람과의 대화는 완전히 그의 페이스로 진행되지만 중간에 끼어들 틈도 없다면 원활한 커뮤니케이션이 이루어질 수 없다.

일단 진정시키고 싶을 때는 어떤 방법이 효과적일까. 이런 타입의 상대에게 '저기 잠깐만' '잠깐 진정해'라고 직접 말을 하는 방법은 좋지 않다. 말을 빨리 하는 사람은 기본적으로 말하고 싶은 내용이 계속 이어져 있고 다른 말들이 금방금방 떠오른다. 머리 회전이 빠른 사람이기 때문에 상대방의 분위기를 읽기 힘들 만큼 모자란 사람은 아니다. 그래서 '진정해'라고 직접적으로 말하면 자존심이 상할 가능성이 있다.

그보다는 대화의 흐름을 막는 동작을 중간 중간 하는 것이 효과적이다. 예를 들어 기침을 하거나 다리를 아주 큰 동작으로 꼬는 등, 상대방이 조금이라도 '어?'라는 생각이 들 정도의 동작을 하는 것이다. 그렇게 하면 잠시 동안 말이 느려지므로 그때 자연스럽게 하고 싶은 말을 꺼내면 된다. 그러면 대화의 주도권도 가져올 수 있다.

협상의 주도권을
가져오자

협상 중 정신을 차려 보면 어느새 상대방의 페이스에 완전히 휘말리는 경우가 있다. 이대로라면 상대방의 생각대로 일이 진행되므로 자신에게 유리한 쪽으로 흐름을 바꾸고 싶을 것이다. 이럴 때는 오히려 침묵으로 일관하는 방법이 가장 좋다.

이야기 도중에 무리하게 진행을 바꾸려고 해도 상대방은 자신에게 유리한 흐름을 바꾸려고 하지 않을 것이다. 하지만 상대방의 눈을 지그시 쳐다보면서 아무 말도 하지 않으면 어떻게 될까. 상대방은 '너무 내 이야기만 한 것이 아닐까?' 하고 조금 미안한 마음이 슬그머니 들 것이다.

상대방이 '내가 무슨 실례되는 말이라도 했나'라며 동요하기 시작하는 틈을 노리는 것이 중요하다. 대화가 중단되었을 때 "그런데 이야기가 잠시 빗나갔는데"라며 교묘하게 화제를 전환하는 것이다. 이후에는 이야기를 주도해서 이끌면 된다.

대금 의뢰처럼 내키지 않는 화제일 때도 이 방법은 꽤 효과적이다. 생각하는 척 침묵하면서 별개의 이야기로 대화에서 빠져나오면 된다.

자존심이 강한 사람
설득법

누구나 자존심이 있지만 너무 자존심이 강한 사람은 주위 사람들도 어떻게 대하면 좋을지 고민스럽다. 예를 들어 업무 내용에도 우열을 다투거나 잡무를 부탁하면 "그런 일은 나한테 맡기지마"라며 정색한 얼굴을 하거나 회식을 갔을 때도 사람들과 섞이기 싫은 기색을 숨기지 않고 보인다.

쓸데없는 사람들과 관계를 맺고 싶어 하지 않지만 실은 이런 사람을 간단하게 무너뜨릴 말이 있다. 그 말은 '도와주세요'이다. 자존심이 강한 사람은 다른 사람을 내려다보며 자신이 잘났다는 우월감에 빠져 있다. 그래서 "이 일은 A씨밖에 할 사람이 없어. 좀 도와줘" 또는 "상담할 수 있는 사람이 A씨뿐이야. 나 도와주는 셈치고 오늘 회식 같이 가자"라고 말을 걸면 거절은 하지 않을 것이다. 오히려 아주 협조적으로 도와줄 것이다.

콧대 높은 상대방에게 굳이 허리 굽혀 가며 친절해야 하는지 의아해하는 사람도 있지만 이런 간단한 말 한마디로 상대방을 이용할 수 있다고 생각하면 아주 쉽다. 입으로는 상대방을 치켜세워도 마음속으로 우위에 있으면 된다.

장황하게 이야기하는 사람에게
핵심을 물어라

일상생활 중에 광고 전화나 방문 판매가로 인해 곤란한 경험을 한 사람들이 아주 많을 것이다. 상대방은 이것저것 다양한 화제로 오랜 시간 동안 이야기하면서도 좀처럼 중요한 말은 꺼내지 않는다.

정확하게 무엇을 팔려는지 말해 주면 "필요 없습니다" "안 삽니다"라고 거절할 수 있지만 끈질긴 대화에 그만 설득되어 물건을 사거나 계약서에 도장을 찍고 후회하는 경우도 있다. 이는 말을 끊을 타이밍을 놓쳐서 생기는 일이다.

광고 전화나 방문 판매뿐만 아니라 장황하게 설명하면서도 좀처럼 용건을 말하지 않는 사람을 흔히 볼 수 있다. 이런 사람들의 이야기를 중간에 자를 수 있는 방법은 "그래서 용건은?"이라고 정확하게 묻는 것이다.

판매를 목적으로 찾아온 사람은 이야기를 돌려서 상대방의 주의력을 분산시키고 집중력을 떨어뜨린다. 그래서 역으로 정곡을 찌르는 질문을 하면 우물쭈물하면서 말하거나 다시 우회해서 설명하려고 할 것이다. 그때 한 번 더 "정확한 핵심은 뭐야?"라고 물으면 결국 용건을 이야기할 수밖에 없다.

이 방법은 무의미하고 장황하게 이야기하는 사람에게도 효과적으로 통용된다. 언제 끝날지 모르는 이야기를 일부러 받아 주며 기다릴 필요는 없다.

언제나 보고받으려는
상사의 심리

대부분의 사람이 바라는 상사는 존경할 수 있는 사람이며, 부하를 믿고 일을 맡기는 그릇이 큰 상사이다. 하지만 현실은 그렇지 않다. 오히려 상사의 말을 그대로 받아들여서는 안 된다. 예를 들어 "자네한테 맡기겠네!" "자네라면 할 수 있을 걸세!"라며 마치 실력을 인정해 주는 듯한 말을 하는 상사가 있다. 이런 말을 자주 사용하는 상사야말로 지나칠 정도로 경과를 보고해야 한다. 이런 상사는 자기의 위치를 보호하는 일이 가장 중요한 사람이다. 특히 '맡긴다'고 말하면서 세세한 사항까지 확인하고 싶어 한다면 더욱 주의가 필요하다. 액면대로 받아들여서 서슴없이 일을 진행하다 실패라도 하면 '부하가 경솔하게 일을 떠맡아서 생긴 결과'라고 하며 책임을 피하려 할 것이다. 결과가 좋으면 그 일을 맡긴 자신의 공적으로 만든다. 이런 사태를 방지하기 위해서는 상사에게 어떤 것이든 작은 일도 보고해서 진척 상황을 공유하는 안전책을 취하는 편이 좋다. 후에 "보고 받지 못했다" "모르는 사항이다"라고 발뺌하지 못하도록 하는 것이다. '맡긴다'는 신뢰의 증거가 아닌 무책임함의 표시일지 모른다. 약간의 경계가 필요하다.

곤란한 상황에서 빠져나오는
마법의 말

거래처가 "지난 회의 때, ○○ 회사에서 이런 이야기를 들었습니다만, 혹시 알고 계신가요?"라며 업계의 새로운 정보를 물어오는 경우가 있다.

전혀 듣지 못한 사실이지만 융통성이 없거나 고지식해서 "아니오, 전혀 듣지 못했습니다"라고 대답한다면 거래처 사람은 라이벌 회사의 담당자가 정보통이라 생각하게 된다. 그렇다고 아는 척 이야기를 맞추려고 해도 나중에 그 사실이 들통이 나면 괜히 신뢰를 잃게 되는 경우도 생긴다.

어떻게든 이 자리를 잘 빠져나오면서 나쁜 인상을 주지 않고 싶다면 이런 방법을 써 보자.

'일단 더 연구해 보겠습니다'라는 문구다. 이 말에는 '저는 그 정보에 대해 자세하게 알지는 못하지만 더 연구하고 싶은 생각이 있습니다. 다음에 만날 때까지 철저히 조사하도록 하겠습니다'라는 뉘앙스가 포함되어 있다.

이는 자신을 낮추고 결과적으로 상대방을 높일 수 있으며 노력하고 있다는 이미지를 줄 수 있다.

대화하지 않으려는 상대방의
흥미를 끄는 법

상대방을 찾아가 영업을 하려고 하지만 문전박대를 당하거나 호감 가는 여성에게 대화를 시도하려 해도 마치 치한처럼 보면서 쌀쌀맞게 거절하는 경우가 있다.

이렇게 말도 붙이기 힘든 사람의 귀를 솔깃하게 만들 수 있는 방법은 조건을 붙여서 부탁하는 것이다. 예를 들어 "1분도 괜찮으니 저에게 시간을 주십시오"라고 말해 보자.

상대방도 1분으로 끝나지 않는다는 사실을 알지만 그런 짧은 시간도 할애하지 않으면 인정이 없는 사람으로 생각해 쉽게 받아들인다. 정확하게 1분이라 할 필요는 없지만 30분이나 1시간은 확실히 거절당한다.

절박한 상황이라면 1분, 어느 정도 가능성이 보인다고 생각될 때는 3분으로 말하는 것이 좋다. 상대방이 조금이라도 귀를 기울이면 제1단계는 확실하게 진행된다. 그 후에 당신의 페이스로 상대방을 끌어당기면서 이야기를 이어 가면 된다.

사람을 설득할 수 있는
역설의 마법

무엇이든 반발하는 사람을 설득하는 일은 좀처럼 쉽지 않다. 그런데 역설의 심리를 이용하면 아주 쉽게 지시를 따르도록 만들 수 있다. 예를 들어 방을 아주 어지럽히는 아이에게 청소를 시킨다고 가정해 보자.

먼저 "방 좀 정리하면 좋겠다"고 주의를 준다. 아이가 하기 싫다고 반발하면 "너가 전혀 그 물건들이 신경 쓰이지 않으면 안 치워도 돼. 엄마 말 없던 걸로 해"라며 말을 철회하는 것이다. 그 후에는 아무 말도 하지 않는다.

이 경우 자신을 불쾌하게 만든 말들을 철회했으므로 상대방은 반발할 필요가 전혀 없지만 마음 깊은 곳에서 결코 편한 생각이 들지는 않는다. 주의받은 것은 여전히 기억에 남아 있기 때문에 어쩐지 마음속에 께름칙한 기분이 드는 것이다.

결국 정리를 하지 않고서는 마음이 편치 않다. 이 방법은 "없던 걸로 해" "신경쓰지 마"라고 하면 역으로 잊을 수 없게 되고 오히려 더 신경을 쓰는 심리를 이용하는 것이다.

아이뿐 아니라 반항적인 태도를 보이는 부하나 시비가 잦은 연인에게도 효과적이다.

고객의 불만을
잠재우는 화술

어느 기업에나 고객센터가 있지만 특히 제조업이나 서비스업의 고객센터 전화는 쉼 없이 울린다. 소비자들의 문의 전화나 클레임 전화가 걸려오지만 그중에는 터무니없는 불만을 말하는 고객도 있다.

"우리 아이가 과자를 먹고 이가 아주 안 좋다. 책임자 바꿔라." 고객의 불만 대응과 해결을 위해 전화 내용을 끝까지 듣는 일이 고객센터의 규칙이지만 이처럼 불만의 수위가 높아지면 중요한 이야기를 듣듯 더욱 적극적으로 귀를 기울여야 한다. "그런 일이 있으셨군요" "그건 정말 죄송하게 되었습니다"라며 그 불만이 아주 큰 문제인 듯 대응하는 것이다.

원래 필요 이상으로 불만이 많은 사람은 생트집을 잡고 상대방이 곤란해하는 모습에 즐거움을 느낀다. 그래서 일단은 그 욕망을 채워 주고 그 후에 자세한 상황을 상세하게 다시 물어야 한다.

만약 호들갑스럽게 트집을 잡고 계속 물고 늘어지면 점점 말이 통하지 않는다. 따라서 다소 과장된 친절로 대응한 뒤 그 문제를 좀 더 추궁해서 되물으면 약간은 태도가 누그러진다.

다른 말만 하는
사람과의 대화법

텔레비전 토론 방송을 보면 채널을 돌리고 싶은 마음이 생길 때가 있다. 출연자가 다른 출연자의 이야기를 중간에 자르고 반론하면서 한꺼번에 많은 사람의 목소리가 터져 나와 무슨 이야기를 하는지 전혀 모를 때다.

상대의 말을 제대로 끝까지 듣지 않고 중간에 끼어들어 반론하는 사람은 상대가 말을 할 때 집중해서 듣지 않고 반론할 내용들을 생각한다.

그래서 진지하게 이야기하려고 마주 앉아도, 토론이 되지 않고 아무것도 결정하지 못하고 피로만 남기고 끝난다.

이런 사람을 상대할 때는 어떤 말도 하지 않고 중간에 말을 자르지도 않고 놔두는 방법이 좋다. 그 이야기가 너무 길어서 고통스러울 정도라도 기다리면 반드시 공략할 실마리가 보일 것이다.

그리고 상대방이 이야기가 모두 끝나갈 무렵 "자 이렇게 할까요?"라며 의견을 존중하는 제안을 해 보자. 이렇게 하면 골칫거리였던 상대방의 마음도 잘 구슬릴 수 있다.

지적을 그대로 받아들이는
사람의 심리

보통 다른 사람에게 실수를 지적받거나 정곡을 찔리면 정당성을 조금이라도 주장하고 인정받기 위해 "그런 게 아니야" 또는 "그건 틀린 생각이야"라고 반론하고 싶어진다.

그런데 가끔 약점을 지적받고도 전혀 반론도 하지 않는 사람이 있다. 그들은 "맞는 말씀입니다" "정확한 지적입니다"라며 상대방이 말한 내용을 전부 인정한다.

어떻게 보면 자기주장이 없는 나약한 사람처럼 보이기도 하지만, 실은 이렇게 쉽게 백기를 드는 사람은 야심이 많다.

대부분 자신의 약점을 지적받을 때는 정색하면서 반론하지만 서로의 감정을 상하게 할 뿐 전혀 생산적인 일은 아니다. 정곡을 찔리면 "역시 대단합니다" 하고 상대의 예리한 점을 칭찬해서 치켜세우는 편이 좋다.

그러면 공격하려고 준비했던 상대방의 에너지를 흡수하여 더 이상 쓸데없는 경쟁으로 발전하지 않고 마무리된다.

이렇게 상대방의 감정을 컨트롤하면 그 후에는 주도권까지 손에 쥔다.

조직의 한 사람만 칭찬하면
문제가 생긴다

실적이 높은 여성 사원을 모든 사원 앞에서 무심결에 칭찬하니 사내 분위기가 경직된 적은 없는가? 물론 예외도 있지만 많은 여성은 집단 속에서 다른 여성만 특별하게 취급될 때 민감하게 반응한다. 어느 연구에 따르면 여성은 단일화를 좋아한다. 거리에서 볼 수 있는 여성 집단을 예로 들어 보자.

같은 그룹에 있으면 패션 감각이 비슷해지고 옷뿐만 아니라 메이크업까지 비슷하다. 많은 이야기를 공유하고 공감하며 공통점을 찾는다. "우리들은 늘 함께야"라고 말하며 집단에서 안정감을 찾는다.

그렇기 때문에 어느 한 명의 개성이 드러나면 전체의 균형이 무너진다고 생각한다. 남성 집단의 경우 이를 각각의 개성으로 받아들이고 한 사람이 높이 평가되면 전체가 올라가는 분위기다. 그렇지만 여성 집단은 전체 균형을 중요하게 생각하기 때문에 한 사람을 편애하거나 칭찬하는 일은 주의가 필요하다.

불난 곳에
부채질하지 말라

아주 분주해 보이는 동료에게 "그 일 어떻게 되어가?"라고 묻는 일만으로 맹렬하게 화를 낸다. 당황해서 "무슨 일이야?" 하고 물으면 더욱 화를 낸다.

스트레스가 절정에 달한 사람은 자신이 흐트러진 상태임을 자각하고 있다. 화를 참을 수 없음을 알기 때문에 더욱 화를 폭발시키는 상태이다. 거기에 주위 사람들이 엮이면 점점 화를 낸 자신에 대해 자기혐오에 빠지게 된다. 진정되거나 위로를 받고 싶지 않다는 생각이 가득하다.

그러면 이런 상대방에게는 어떤 처방을 하면 좋을까. 본인의 희망대로 당황하지도 위로하지도 않고 어설프게 타이르지도 않는 것이다. 평정심을 갖고 담담하게 기다리며 자연스럽게 가라앉도록 지켜봐야 한다. 허둥대면서 그 사태를 해결하려 하면 일단은 불이 꺼졌다 해도 불씨가 여전히 남아 감정을 격하게 만드는 원인이 된다.

또 "힘들었지"라며 상대방과 공감하면서 이야기를 듣고 있으면 진화가 빨리 된다. 그렇지만 그런 고도의 기술을 사용할 수 없다면 조용히 지켜보는 수밖에 없다.

핵심 인물을 찾으려면
마지막 말을 들어라

"제가 담당입니다"라며 자신을 소개하는 거래처 직원과 몇 번이나 협상을 해도 좀처럼 이야기가 진행되지 않는 경우가 있다. 아마 그 사람이 핵심 인물이 아닐지도 모른다. 그는 그저 협상의 내용을, 결정권이 있는 핵심 인물에게 전달하는 '창구' 역할에 지나지 않는다. 물론 이야기가 진행되지 않는다고 해서 그 사람이 핵심 인물이 아니라고 단정할 수 없다.

예를 들어 업무를 진행할 때는 특정 회사와 너무 친한 척하는 행동은 실례가 될 수 있어 포커페이스로 위장할 가능성도 있다.

그 사람이 담당자일지 아닐지는 말의 끝부분을 잘 들으면 알 수 있다. 핵심 인물은 막연한 이야기는 잘하지 않는다. 담당자로서 업무를 진행해야 하기 때문에 이야기의 내용이 구체적이고 무엇을 원하는지 확실하게 이미지화 할 수 있다.

그냥 '창구'로서의 역할이라면 단언할 수 없기 때문에 '네. 그런 이미지라고 생각합니다만'처럼 말꼬리가 애매하게 끝난다. 일을 순조롭게 진행하려면 단호하게 말을 매듭짓는 사람을 찾아야 한다.

3

말의 본심을
들여다보기

'들어 봐, 들어 봐'라고
말하는 이유

남녀를 불문하고 "잠깐 들어 봐" 하고 말을 꺼낸 뒤에 계속해서 말을 하는 사람이 있는데 정작 들어 보면 중요한 일은 많지 않다. 대부분은 누군가의 소문이거나 기껏해야 자신의 자랑 정도다. 이 말을 자주 쓰는 사람은 남의 이야기나 떠도는 소문을 아주 좋아하는 사람으로 입이 가벼운 경향이 있어 신용하기 어렵다.

이런 사람에게 중요한 이야기를 하면 '여기서만 해야 하는 이야기'라 못을 박아도 어느새 '모두가 아는 사실'이 되기 쉽다. 비밀로 해야 할 일들은 되도록 흘리지 않아야 한다.

원래 "들어 봐, 들어 봐"나 "저기, 저기"처럼 같은 말을 두 번 반복하면서 말을 시작하는 버릇은 자기 이야기를 들어 달라는 심리를 표현하고 있다. 정신적으로 자립하고 있는 듯 보이지만 의존심이 강하다.

또 이런 타입의 사람은 "당신을 신용하고 있어요. 알죠?"라고 살짝 말을 흘리면서 다른 사람에게도 같은 말을 아무렇지 않게 말한다. 무심코 이 말을 진심으로 받아들이면 손해를 입으므로 주의가 필요하다.

상대방이 말하고 싶을 때를
눈치채는 법

대화 중에 상대방의 말에 반응하면 커뮤니케이션이 원활해 지지만 단순한 "네, 네" 만으로는 좀처럼 대화를 이어 가기 힘들다. 그래서 "역시" "지당하십니다"라는 말을 씀으로써 좀 더 적극적으로 반응한다.

이 말에는 긍정적인 뉘앙스가 있지만 실은 '저도 이제 슬슬 말하고 싶습니다'라는 사인이기도 하다. 이 말이 나오기 시작하면 상대방에게 말할 기회를 주는 것이 좋다.

왜냐하면 '역시'라는 말은 추상적 부분이 있으며 추임새에 가깝다. 따라서 '역시'라고 하면서 고개를 끄덕인다고 내용을 정확하게 이해한 것으로 보기 어렵다.

특히 기가 빠진 표정을 하면서 건성으로 "역시 그렇군요" 라고 한다면 상대방은 이야기를 겉으로만 듣고 있다는 의미 다. 이 말이 계속해서 반복되면 당신만 일방적으로 이야기하고 있다고 생각할 가능성이 크다. 이럴 때는 독단적으로 이야기를 하고 있지 않는지 한 번 더 되돌아보는 태도가 필요하다.

불만을 들을 준비가
되었는지 알아채는 법

이해력이 좋은 사람은 생각의 깊이도 남다르지만 상대방의 말로 그 사람을 평가하는 일은 위험하다. 정도의 차이는 있지만 누구나 말과 본심이 다른 부분이 있으며 입으로는 관대한 척하지만 마음속으로는 음험한 생각을 하는 사람도 있다.

가령 당신의 직장에 새로운 상사가 부임해서 이런 발언을 했다고 하자.

"만약 나의 업무 방식에 불만이 있다면 언제라도 말해 주길 바라네."

이 발언으로 알 수 있는 점은 우선 상사는 자신의 업무 처리 방식과 능력에 상당한 자신감이 있다. 같은 뉘앙스라도 전후의 말로 의미는 다르게도 해석된다. 예를 들어 "일단은 나의 방식으로 진행하겠습니다만 지금까지의 방식도 있을 테니 불만이 있으면 언제라도 나에게 말해 주세요."

이렇게 말하는 상사는 정말로 불만을 들을 준비가 되어 있는 것이다.

그렇지만 '불만이 있으면 언제든지 말해 주길 바라네'라는 말투에는 '불만 따위 있을 리가 없지' '불만이 있더라도 절대 말하지마!'라는 본심이 숨겨져 있다. 결국 이 상사는 자신의 업무 방식이 완벽하다고 믿고 있다. 그 말만 믿고 불만을 얘기한다면 괜한 미움을 살지도 모른다.

'다른 사람의 기분도
생각해 줘'라는 말의 뜻

이기주의와 개인주의가 심해지는 세태에 다른 사람에 대한 배려가 절실해진다. 그러나 배려 없이 주위 사람들에게 불편을 주거나 민폐를 끼치는 사람이 많다. 그럴 때는 "다른 사람의 기분도 생각해 주세요"라고 말하는 사람이 있다. 분명히 맞는 말이지만 이 말을 하는 사람의 심리를 들여다보자.

예를 들어 부모가 말썽을 부리는 아이에게 예의범절을 가르치기 위해 이 말을 자주 사용한다. "다른 사람의 기분도 생각해야지" 하고 말이다. 하지만 그 말 뒤에는 '네가 말썽을 부려서 욕먹는 엄마의 기분을 생각해 줘'라는 마음이 담겨 있다.

상사가 거래처에서 온 불만 사항을 부하에게 이야기할 때도 같은 마음이다. "다른 사람의 입장도 생각해야지"라고 할 때 그 사람은 자신이다.

이 경우 상대방은 도덕을 이야기하는 이상으로 자신의 입장을 생각해서 흥분할 가능성이 높다. 사정이 어떻든 겉으로라도 반성하는 모습을 보이는 것이 좋다.

금방 '죄송합니다'라고
하는 사과에 담긴 심리

과오를 인정하고 사죄하는 일은 인간관계를 원만하게 하는 핵심이라고 하지만 사죄할 필요가 없는 상황에서 금방 "죄송합니다"라고 입을 여는 사람은 오히려 상대방을 난처하게 한다.

전화상으로 "죄송합니다. ○○입니다만" 또는 "죄송합니다. 잠깐 들어가도 괜찮나요? 죄송합니다"처럼 반복해서 사죄한다. 본인은 무의식적으로 말을 하지만 이 말을 자꾸 듣는 상대방은 자신이 뭔가 나쁜 짓을 한 기분이 들고 꺼림칙하다.

게다가 죄송하다고 말하는 본인도 실제로 잘못했다고 생각하지 않는다. 습관이며 무의식적인 행동이다.

물론 처음부터 예의를 갖추어 사과하는 행동에서 건방진 사람이 아니고 악하지 않음을 알 수 있지만 '죄송합니다'는 말은 그저 버릇이다.

엄밀히 말하면 '먼저 사죄를 하고 이 상황을 빠져 나가자'는 자기 방어 심리가 있다. 또한 미리 선수를 쳐서 상대방이 잘못을 지적할 기회를 주지 않는다.

이런 타입의 사람은 의외로 자존심이 강해 정말로 사죄해야 할 자리에서는 확실하게 머리를 숙이지 않는 경우도 있다. '그는 늘 낮은 자세를 취하니까 거래처와도 잘해 나갈거야'라 며 호의적으로 봐도 의외로 문제를 일으킬 수도 있으므로 안 심해서는 안 된다.

'~라고 생각했기 때문에'라는
말의 의도

사람은 누구나 타인과 긴밀한 관계를 맺으며 살아간다. 관계 속에서 상처 주기도 하고 상처를 받기도 한다. 오해가 생길 때도 있으나 깊이 사죄하면 일은 마무리된다. 그런데 가끔은 방어적 태도를 취하며 솔직하게 반성하지 못하는 사람도 있다. 이런 사람들이 자주 사용하는 말이 '~라고 생각했기 때문에'이다.

예를 들어 중요한 서류를 준비하라고 지시했는데도 준비를 하지 못한 상대방에게 주의를 줬더니 "아니. 오늘까지는 필요 없다고 생각했었기 때문에 준비하지 않았습니다"라며 대답한다. 혹은 자신의 방에 있는 책을 아내가 마음대로 버려서 왜 버렸냐고 나무라자 "이제는 당신이 안 읽을 거라 생각해서"라는 대답을 한다.

사과보다 늘 변명을 먼저 말하는 사람은 쉽게 자신을 정당화하는 자기중심적 성격이다. 결코 잘못을 인정하지 않아서 반성할 생각도 없다. 잘못이라 생각하지 않기에 같은 잘못을 또 저지를 수도 있다. 주의를 줘도 늘 제자리로 돌아오기 때문에 화를 내는 당사자만 스트레스가 쌓일 뿐이다. 화를 내야 할

상황이라면 엄하게 혼을 내되 너무 과한 기대는 하지 않는 편
이 좋다.

'늘'이라는 말로
화내는 사람의 본심

연인과의 데이트 약속이 있었다. 약속 시간을 기다리고 있었지만 갑작스럽게 일정이 생겨 취소하게 됐다. 이때 같은 이유로 데이트를 취소한 적은 두 번째이지만 자신의 사정을 알아줄 거라고 생각하며 사과 문자를 보낸다.

그러자 여자친구가 "늘 일이 우선이네. 나 같은 건 안중에도 없어?"라며 히스테리를 부리듯 예민하게 반응한다.

데이트를 갑자기 취소한 일은 미안하지만 두 번째인데도 '늘'이라고 말하는 이유가 뭘까? 상대방이 화를 내는 건 당연하지만 그녀의 진심은 다른 곳에 있다.

이 '늘'은 데이트 취소 이상으로 일상에서 당신에게 불만을 가지고 있다는 뜻이다. '나를 소중하게 생각하고 있지 않다'고 느끼고 있을 뿐만 아니라 이 생각이 쌓이고 쌓여서 '늘'이라는 말로 표현된 것이다.

이 말에 "늘이라니. 너무 하잖아. 과장하지마!"라고 화를 낸다면 상대방을 더 자극하여 싸움의 단초를 제공한다. 여자친구와 관계를 오랫동안 이어 가고 싶다면 다른 불만도 있음을 눈치채고 천천히 대화로 풀어 가야 한다.

만날 때마다
정중한 정도가 다른 사람

사회생활을 하면 언행에 늘 신경을 써야 한다. 완벽하게 경어를 사용하지 못하더라도 가능한 정중하게 말을 할 수 있도록 단단히 마음먹어야 한다. 하지만 같은 언행도 그 정중함의 정도에 따라 인상이 다르고 어떤 사람인지 파악할 수 있다.

예를 들어 정중한 태도는 좋지만 도가 지나치게 공손하게 말을 하는 사람이 주위에 있지 않은가? 필요 이상으로 자신을 낮추어 예의를 차리는 사람은 마음속으로는 상대방을 깔보고 있을 가능성이 높다. 또 자주 볼 수 있는 사람은 만날 때마다 정중함의 정도가 바뀌는 사람이다. 이전에 만났을 때는 스스럼없이 이야기를 했는데 두 번째 만남에는 마치 처음 만나는 사람처럼 정중하게 경어를 구사한다. 그리고 세 번째는 또 절친한 관계인 양 말을 건넨다.

이 사람은 상대방과의 거리감을 좁히는 일이 서툴다. 원활한 커뮤니케이션을 하는 데도 어려움을 느낀다. 벌써 여러 번 만남을 가졌는데도 공손한 말투와 태도를 유지하는 사람이라면 상대방과 깊은 관계 맺기를 원하지 않는 것이다. 따라서 적정한 선 이상으로 가까이하지 않는 편이 현명하다.

왜 쉽게
소문을 믿는 걸까?

눈앞에 두 그루의 나무가 있다고 하자. 누가 봐도 오른쪽 나무보다 왼쪽 나무가 커 보이지만 옆에 있는 여러 사람이 "오른쪽 나무가 더 커!"라고 단정 지어 말한다. 그러면 처음에는 왼쪽 나무가 더 커 보인다고 확신했던 사람도 상대방의 단호한 태도에 망설이고 의문을 갖는다. 결국 '오른쪽 나무가 더 클지도 몰라'라고 생각한다.

이처럼 상대방의 주장에 따라 생각이 바뀌는 예를 종종 볼 수 있다. 특히 개인이 A가 정답이라고 말해도 집단이 B라고 하면 자신도 모르게 B쪽으로 기우는 것이 집단 심리의 대표적 특징이다.

그 결과, 집단 편견이 확장되는 것을 '집단 에고이즘' 즉 '집단 이기주의'라고 한다. 이 심리가 불러일으키는 전형적 사례가 입소문이다.

집단 사이에서 C라는 가게가 맛있다는 소문이 생기면 맛없었다고 생각했던 사람도 자연스럽게 자신의 의견에 의문을 갖기 시작하고 최종적으로는 '저 가게 맛있었어'라며 동조한다.

경우에 따라서는 집단 이기주의가 생겨 진실이 왜곡되는

일도 있다. 자기 집단의 의견을 중요하게 생각하고 다른 집단을 배척하거나 집단 내 소문을 절대적으로 여긴다. 비판 의식 없이 다수의 생각을 따르는 것은 아주 위험한 일이다.

'무엇이든 이야기해'를
경계하라

평소에는 좀처럼 얼굴을 마주할 기회가 없는 관리직 임원과 자리를 함께하게 되었다면 평사원은 자연히 긴장한다. 이럴 때 임원이 "너무 그렇게 딱딱하게 있지 말고 의견이 있으면 무엇이든 말해 보게나"라고 친절하게 말하면 배려심에 감동을 받을 것이다.

그렇지만 이 말을 곧이곧대로 받아들여 평소 생각했던 의견을 가감 없이 내놓으면 위험하다. '무엇이든 이야기해'가 으레 하는 말인지 본심인지 알 수 없기 때문이다.

오히려 이렇게 말하는 사람이 지위를 얻으면 모험하기보다 자신의 자리를 지키려고 한다. 그리고 이런 모습을 들킬까봐 아량이 넓은 면모를 보이려고 "무엇이든 말해 보게"라고 하는 것이다. 보신에 급급한 사람은 현 상황을 바꿀 생각이 없다. 상황을 바꿔서까지 자신의 지위가 흔들릴 위험을 감수하고 싶지 않은 것이다.

정말 회사의 변화를 바라는 사람이라면 먼저 현장 사람들과 의견을 함께 모아야 한다. 임원에게 경솔하게 말을 하는 행동은 도리어 자신의 자리를 위태롭게 만들 수 있다.

질문에 질문으로 답한다면 감추는 것이 있다

　일상생활에서 대화를 하면 흔히 질문을 할 때가 있다. 상대방이 질문하면 대부분 사람이 "○○입니다"라고 대답한다. 그런데 질문을 받았을 때 전혀 다른 방식으로 대답하는 사람이 있다.

　"저번에 함께 걷던 사람 누구야?"

　"아아. 그 사람. 그보다 여기에 둔 인감 도장 어떻게 했어?"

　이처럼 논점을 빗겨 다른 대답을 할 때는 상대방이 무언가 숨기는 것이 있다. 더욱이 "썼으면 원래 자리에 되돌려 놓아야지" 하면서 화제를 완전히 바꾼다면 더더욱 무엇인가 감추고 있을 가능성이 크다.

　이는 말하고 싶지 않아 무의식중에 질문에 질문으로 답하고 이야기의 화제를 바꾸는 것이다.

　이런 방식은 불미스러운 일이 일어난 회사의 기자회견에서도 자주 볼 수 있다. "피해가 점점 커지고 있는 것은 아닌가요?" 하고 기자가 질문을 하면 "그런 식의 발언이 불안을 더욱 증폭시킨다고는 생각하지 않습니까?" 하고 대답하는 것이다.

좋지 않은 상황을 물으면 이를 피하기 위해 질문에 질문으로 답한다.

상대방이 질문에 질문으로 대답하면 감추고 있는 것이 있으니 이를 날카롭게 파고들거나 다음 기회를 노려야 한다.

'뭐든 괜찮아'라는 말
믿어도 될까?

"오늘은 내가 살게! 뭐 먹고 싶어?"라고 여성에게 물어보면 대부분 "뭐든 괜찮아"라는 대답을 한다. 이럴 때 자신의 주머니 사정을 알아줘서 고맙다고 생각한다면 안타깝게도 그건 혼자만의 착각이다.

남성이 "뭐든 괜찮아"라고 했다면 말 그대로 믿어도 좋지만 여성의 말에는 복잡한 의미가 숨겨져 있을 가능성이 높다. "뭐든 괜찮아"라고 여성이 말하지만 이미 머릿속에는 몇 개의 후보가 있다.

A도 괜찮지만 B도 나쁘지 않다. 그래도 모처럼의 초대인데 평소에는 자주 못 가는 C에도 가고 싶고 그렇지만 D도 무시할 수 없는 상황이다. 결국 혼자서 결정할 수 없기 때문에 뭐든 괜찮다고 말하는 것이다.

이 말을 그래도 받아들여서 "그럼 저 식당 괜찮아?"라고 혼자 결정하면 여성은 결국 토라져서 말을 하지 않는다.

그래서 이런 타입의 상대방이 뭐든 좋다고 할 때는 "예를 들어 어떤 음식? 한식? 일식? 중식?"이라며 선택지를 좁혀서 그녀가 선택할 수 있게 해야 한다.

그 선택지에서 두 사람의 의견이 일치하면 여성은 그 선택이 옳았다고 생각하게 된다. 작은 배려가 식사 시간을 즐겁게 만드는 비법이다.

'아무에게도 안 한 이야기인데'라는
말 속 비밀

대중은 옛날이나 지금이나 한 시대를 주름잡은 유명인이 어떻게 사는지를 궁금해한다. 그래서 아침 방송에서 유명인이 나와 근황을 설명하거나 저녁 방송에서 유명인을 취재하기도 한다. 이런 프로그램에 사람들이 흥미를 느끼는 이유는 이제껏 알지 못했던 비밀이 있기 때문이다. '실은 인기 절정이었던 ○○씨는 소년 가장이었다'처럼 세간에 알려지지 않은 에피소드를 알고 싶어서 텔레비전 앞을 떠나지 못한다. 그렇지만 제작자의 생각대로 만들어 낸 연출이 많다. 비밀 이야기라고 하지만 대중 앞에서 폭로할 수 있는 수준의 비밀이며, 이런 장치가 사람을 끄는 효과가 있기 때문에 연출한다.

일상생활에서도 마찬가지다. "이 이야기는 아무에게도 하지 못한 이야기인데"라고 말하는 사람이 있다면 상대방의 기분을 좋게 만들기 위해서다. 상대방은 자신에게만 비밀 이야기를 한다고 생각해서 은밀한 기쁨을 느낀다.

동시에 다른 사람에게 폭로하고 싶은 마음도 든다. 비밀의 정도에 따라 다르지만 상대방이 이런 심리를 노리고 이야기가 퍼지길 바라는 의도로 말할 때도 있다.

'생각해 보겠습니다'는
거부를 뜻한다

몇 번이나 영업을 하러 가도 상대방은 늘 부재중이거나 바빠하며 "아. 그거요 일단은 생각해 보겠습니다"라는 답변만 돌아온다면 거절한다는 뜻이므로 포기하는 편이 좋다.

왜 몇 번이나 가도 '일단은 생각해 보겠다'는 대답만 반복하는 것일까. 그 이유는 다른 사람에게 얼굴을 맞대고 안 된다고 말하고 싶지 않기 때문이다.

특히 인간관계에 문제가 생기는 일을 꺼리는 사람은 친한 관계라도 '싫다'를 '불편하다'라고 말하거나 '필요 없다'고 거절할 때도 '사양한다'는 표현을 쓰면서 직접적으로 의사를 표현하는 방법을 피하려고 한다. 그래서 이런 사람이 '생각해 보겠다'라는 말을 반복한다면 확실한 거부의 뜻이다. 정말로 조금이라도 생각할 시간이 필요하다면 언제라면 시간이 나므로 그때 한번 와 주길 바란다고 말할 것이다.

상인들도 물건을 팔 때 손님이 "생각해 보겠다"고 대답하면 살 마음이 없음을 눈치챈다. "이제 생각 다 하셨습니까"하며 결단을 재촉해도 끈질기다는 인상만 남기거나 단호한 거절을 할 가능성이 크다.

말참견을 하는
사람의 심리

불경기가 되면 주머니 사정을 생각해서 지출을 줄인다. 개인은 데이트 비용, 교통비, 외식비 등을 줄이며 기업은 광고 비용을 줄인다.

기업은 비용보다 아이디어로 승부를 내자고 사원들을 독려하지만 좋은 아이디어는 그렇게 쉽게 나오지 않는다.

경비 절감이라는 목적이 있기 때문에 부서 내에서 격하게 토론하면서 감정적이 되어 해서는 안 될 말도 하고 만다. 이런 격렬한 상태에 "그렇게 감정적으로 나오면 안 되지"라며 아주 냉정하게 이야기를 끊는 사람은 없는가.

이런 사람은 리더십이 있는 듯 보이지만 단순히 사람들에게 주목을 받고 싶은 강한 욕망이 있을지도 모른다. 정말로 리더십이 있다면 지금까지 나온 의견을 근거로 정리하고 자신의 의견을 이야기하며 분위기를 주도하지만 그렇지 않는 사람은 중간에 말만 끊을 뿐 자신의 의견은 전혀 내세우지 않는다. 그저 눈에 띄고 싶을 생각뿐이다.

하지만 토론에 관계없이 중간에 말을 끊어 주기 때문에 과열된 회의 분위기가 진정되는 효과도 있다.

4

속마음은
말로 표출된다

이것저것 물어보는 고객이야말로
진짜 고객

가게에서 물건을 파는 직원이라고 가정해 보자. 누구라도 일을 원활하고 즐겁게 하고 싶으므로 불필요한 말을 하지 않고 필요한 물건만 사가는 고객은 대환영이다.

반대로 상품에 대해서 "이것은 어떻게 사용하나요?" "잘 팔리는 색상은 뭐예요?"처럼 아주 자세하게 물어보는 고객은 귀찮게 여기며 반가워하지 않는다.

그렇지만 실은 이런 사람이 내 물건을 직접 사려는 좋은 고객일 가능성이 높다. 직원에게 되도록 많은 정보를 얻으려는 것은 그만큼 물건에 대해 관심이 많고 의존한다는 뜻이다. 질문이 많은 사람은 말을 걸어 보면 다른 사람의 영향을 쉽게 받는 사람이다.

그래서 정중하게 설명하면 크게 신뢰를 얻어서 가뿐하게 물건을 사 줄 것이다. 가게 입장에서 보면 필요한 물건만 사는 고객보다도 더 중요한 고객임이 틀림없다. 더 좋은 물건을 팔거나 기업 이미지를 각인시켜 줄 수 있다. 이것저것 물어보는 고객이 있다면 비즈니스 기회를 얻었다 생각하고 적극적으로 대응하자.

반론할 때 선택하는 단어로
아는 성격

겉모습이나 동작으로도 상대방의 성격을 알 수 있지만 평소 아무렇지 않게 하는 대화 속에도 그 사람의 본성이 드러난다. 이때 주목할 점이 상대방이 반론할 때의 첫마디다.

예를 들어 당신이 한동안 의견을 이야기했다. 그 의견에 대해서 곧바로 "아니 그게 아니고"라며 직접적으로 부정한다면 그는 자기주장이 강한 사람이다. 싸움을 좋아한다는 표현은 과장일지 모르지만 토론을 해도 상관없이 자신의 주장을 밀어붙이고 싶을 만큼 호전적인 경향이 있다.

반대로 "물론 맞는 말씀입니다. 그렇지만…"처럼 일단 상대방의 말을 긍정한 뒤에 반론하는 사람은 여유가 있는 사람이다. 배려심도 있으며 주위 사람들에게 성실한 사람이라고 평가받는다.

또 토론 분위기가 격렬해지면 "그러니까. 내 말은…"이라고 말하는 사람도 있는데 이 말에는 '아직도 이해 못했어?'라는 초초함이 담겨 있다. 흥분했다고는 하지만 이 말을 입 밖에 내는 사람은 독단적이며 배려심이 없다. 정면으로 대립하면 이성을 잃고 화를 낼 수 있으므로 경계해야 한다.

아는 척하는
사람의 심리

친구에게 "실은 어제 저녁에 이런 일이 있었어" 하고 자신의 경험을 이야기하면 "뭐? 그런 일이 있었어? 그런데 나는 더 심한 일을 겪었어"라고 대답하는 사람이 있다. 결국 어느 순간 상대방의 이야기가 화제의 중심이 된다.

이런 사람을 보면 단순히 자기애가 강한 사람이라는 생각이 들지만 그 분석만으로는 부족하다.

자기애도 강하지만 어떻게든 주목받고 싶고 인정받고 싶다는 생각을 강하게 가지고 있다. 즉 자신이 중심이 되지 않으면 안 된다.

이는 자기애가 아니라 스스로에게 자신감이 없으며 아이가 '이것 좀 봐요!' 하고 주의를 끄는 행동과 같다.

또 무엇이든 다른 사람의 이야기에 중간에 끼어들어 아는 척하는 사람도 같은 종류이다.

이런 사람들은 유행에 민감하며 화제가 되는 물건을 손에 넣기 위해 애를 쓴다. 긴 줄이 늘어선 가게 앞에서 함께 기다리며 주위 사람들과 함께라는 느낌을 받으며 안심하기도 한다. 또한 정보를 모으는 데 부지런하며 유행에 뒤처지지 않기 위해 노력한다.

어느새 화제의 중심이 그 사람에게 옮겨 가도 싫어하는 티를
내지 않고 정보원의 한 명으로 생각하면 마음도 가벼워진다.

끊임없이 말을
이어 가는 사람의 불안감

말이 아주 많은 사람은 남녀불문하고 어디에서든 볼 수 있지만 실은 이런 사람이 상대방의 설득에 아주 쉽게 넘어오거나 사기를 당하기 쉬운 타입이 많다면 믿어지는가.

말이 많은 사람은 프로이트가 말하는 '구강기'를 제대로 보내지 못했을 가능성이 있다. 구강기는 유아기 시절 엄마의 젖을 빨면서 입술, 구강 점막, 혀에 쾌감을 얻는 시기로 1세 반 정도까지의 시기다. 이때 빨고 씹고 깨물면서 외부의 자극으로부터 쾌감을 해소하는데 그 욕구가 제대로 충족되지 못하고 남는 경우가 있다.

이것이 고착화되면 다른 사람에게 의존하기를 좋아하고 어른이 되어서도 사랑을 받고 싶은 욕구가 강하다. 그래서 다른 사람과 끊임없이 커뮤니케이션을 하려고 말수가 점점 늘어나는 것이다. 또 계속해서 이야기를 이어 가는 행동은 침묵을 두려워하고 불안이 강해서 나타나는 현상이다. 불안한 자신을 따뜻하게 대해 주는 사람에게는 너무나도 약하고 쉽게 마음을 허락한다.

예를 들어 영업이나 큰 액수의 구매로 협상이 필요한 경우

의외로 간단하게 상대방의 구술에 넘어간다. 말수가 많은 사람이라고 하면 자신도 모르게 주눅이 들지만 그럴 필요는 없다. 생각에 따라서는 아주 쉬운 상대이기 때문이다.

한발 양보한 뒤
승리하라

어떤 곳에서라도 경쟁자가 있다면 신경이 쓰이기 마련이다. 서로의 실력을 인정하는 사이라면 학문을 쌓고 성과를 올리기 위해 전력을 다하는 한편 서로를 격려하겠지만 그중에는 다른 사람을 누르면서도 이기고 싶고 자신의 실력을 과시하고 싶은 사람도 있다. 이렇게 지는 것을 싫어하는 경쟁자와 경쟁하는 일은 골치가 아프다.

이때는 오히려 자신이 진정한 상대가 아닌 것처럼 행동하는 방법도 좋다. 과도한 경쟁 선상에서 한발 물러나면 위험 부담이 적어 여유를 가질 수 있다.

주위 경쟁자들의 동향을 관찰할 수 있고 정상급 선수의 실수를 보고 자신의 실수도 줄일 수 있다. 그래서 "이것이 가능했던 것은 ○○의 힘이었어" "이 팀의 리더는 너에게 딱 어울려"라며 일단 지휘봉을 상대에게 주는 것이 좋다. 이때 상대방은 우월감을 느끼며 당신이 정상의 자리를 노리고 있다는 점을 전혀 눈치채지 못한다.

또 다른 이점도 있다. 정상의 자리를 얻은 상대방은 당신에게 조금이나마 감사한 기분을 느껴서 보답하려고 생각한다.

늘 일등만을 노리는 것이 아니라 때로는 한발 뒤로 물러서서
마지막 순간에 박차고 나오는 것이다.

충고에 진심이 담겼는지
알아내는 법

어른이 되면 다른 사람의 일에 휘말리기 싫어하며, 다른 사람의 결정에 충고를 하거나 참견하지 않는다. 그래서 자신에게 귀에 못이 박히듯 충고를 해 주는 사람이 있으면 "전혀 몰랐어. 말해줘서 고마워"라고 대답하거나 고마움을 느낀다.

그러나 가끔은 친절에서 나오는 말이 아니라 상대방을 깔보듯 충고하는 사람도 있다. 이를 구분하는 방법 중 하나가 '별로 말하고 싶지는 않지만'이라는 말이다.

다른 사람에게 충고할 때 이 말을 사용하는 사람은 일부러 손해 보는 역할을 하고 있다는 식으로 은혜를 베풀고 있다는 느낌을 들게 한다. 이 말에는 '그렇게까지 하지 않으면 안 될 정도로 너 지금 잘못하고 있어!'라는 마음이 숨겨져 있다.

그러나 정작 자신이 다른 사람에게 '별로 말하고 싶지는 않지만'이라는 말을 들으면 불쾌한 기분을 느낀다. 다른 사람에게는 여러 번 그렇게 말하며 충고하지만 자신은 듣고 싶지 않은 것이다.

또 '너를 위한다는 생각에'라는 말로 첫마디를 시작하는 사람은 자신의 생각을 밀고 나가는 자신감이 넘치는 스타일이다. 상대방을 생각하기보다는 그저 상대방을 복종시키고 싶어 할 뿐이니 휘둘리지 않도록 주의하자.

냉소적으로 말하는
사람의 속내

업무나 사는 방식에 대해 하나하나 참견하며 쉴 새 없이 떠드는 사람이 있는가 하면 남의 일에 쓸데없이 참견은 하지 않지만 "세상이 그렇게 만만하지 않아"라며 냉소적으로 말하는 사람도 있다. 나이가 많거나 경험이 풍부하다면 더더욱 이런 말을 하려고 든다.

선배나 상사가 이렇게 말하면 새겨들을 말이 있는지 생각해 봐야지만 이 말을 너무 자주 쓰는 사람에게는 의외의 부분이 있다.

입으로는 엄격하게 말하지만 정작 당사자는 누구보다도 실패를 무서워하고 있다. 응석받이처럼 구는 사람도 여러 경험과 충돌을 반복하면서 배우고, 화내고, 상처를 입고, 그리고 성장해 간다.

그러나 안일함을 지적하는 사람은 이런 충돌이나 경험 때문에 상처를 받을까 두려워 아무 것도 시도하지 않는다. 그러면서 주위 사람들에게 무턱대고 "물렀다"고 비난한다.

이런 타입은 위험한 다리를 건너는 대신 성공담 하나 없이 실패만 하지 않기 위해 애를 쓴다.

매번 대단하다고
감탄하는 이유

영업 실적에서 1등을 한 동료에게 "너 정말 대단해" 하며 칭찬하고 감탄하는 행동은 그다지 위화감이 없지만 "새 원피스 샀어"라고 말하는데 "대단해"라고 맞장구치는 사람이라면 입버릇일 가능성이 있다. 조금도 대단한 일이 아닌데도 대단하다고 말하는 습관이 있음을 눈치채지 못하는 것이다.

여기서 말하는 '대단해'는 상대방이나 물건에 대한 관심의 정도를 나타낸다. 특히 여성에게 많이 보이는데 상대의 말에 일일이 "와, 대단하다"라고 반응하는 것은 친밀감을 높이고 자신의 평가가 높아질 것이라는 기대가 무의식적으로 나타나서이다.

게다가 재미있는 일에 "대단해, 대단해"라며 연발하는 사람들 주위에는 같은 부류의 사람들이 모여 있다. 마치 유유상종처럼 모두가 "대단해"를 합창하듯 말하면서 감탄하고 안심을 느낀다. 사적인 자리에서 말하는 것은 문제가 없지만 비즈니스에서도 이런 식으로 미팅을 진행한다면 큰 문제다. 만약 당신이 상사의 이런 행동을 묵과할 수 없다면 부드럽게 타이르듯 말하는 것이 좋다.

가정해서 말함으로써
염탐한다

비즈니스 이야기를 할 때 '만약에' '가정하면'처럼 이야기를 가정해서 말하는 일을 자주 본다. 특히 계약이 눈앞에 있다면 "내일 통과가 되면 결재 서류에 사인을 받을 수 있을까요?" 또는 "가령 납기일이 조금 앞으로 당겨진다면 어떻게 하실 건가요?" 등 다양한 가능성을 찾고자 의견을 주고받는다.

그러나 때로는 다른 의도로 이런 말을 사용하는 경우도 있다. 상대방의 본심을 알아내려는 목적에서다. 이럴 때의 '예를 들어'는 대부분 묻기 힘든 질문들이다. "예를 들어서 하는 말입니다만 B안이 통과될 경우 회계팀에서 반발이 있지 않겠습니까?" "다른 업체가 저희보다 조건이 좋다고 가정하면 이 거래는 성사될 수 있을까요?" 등 직접적으로 물어보면 무례하게 느끼거나, B안을 통과시켜야 하는데 반발이 예상되거나, 조건을 견주기 위해 묻는 것이다. 즉 안정적으로 목적을 이루기 위해 예를 드는 것이다.

이렇게 가정해서 이야기하면 상대방의 경계심을 낮추거나 실례가 아닌 듯한 느낌이 든다. 그러나 냉정하게 생각하면 가정을 가장해서 미리 염탐하려는 의도도.

헤어질 때 '가까운 시일 내에'라고 말하면
긍정적 신호다

헤어질 때 하는 인사에는 본심이 드러나는 말을 하기 쉽다. 거래처에 새로운 기획안을 제출했다고 가정해 보자. 지금까지 무뚝뚝하게 이야기를 듣고 있던 상대방이 헤어질 때 "가까운 시일 내에 연락드리겠습니다"라고 말하면 어떨까?

지금까지 상대방 태도를 보면 '검토해 보고 연락드리겠습니다'로도 해석 가능하고 '기대하지 않는 것이 좋다'로도 해석할 수 있는 미묘한 말투다.

상황을 암담하게 보고 포기할 수도 있지만 완전히 기대를 저버리는 일은 시기상조다. 헤어질 때 겉치레 말로 인사할 수도 있지만 정말로 만나고 싶지 않은 사람에게까지 '또 뵙겠습니다' '가까운 시일 내에'라는 뉘앙스의 말은 쓰지 않는다. 그 말을 상대방이 진심으로 받아들이면 곤란하기 때문이다.

이런 경우 보통은 '그럼 이만 실례하겠습니다'로 마무리된다. 그런데 "가까운 시일 내에 연락드리겠습니다"라고 일부러 말한다면 그저 빈말이 아니라 본심에서 나오는 의사 표시이다. 게다가 이 경우 거래처가 연락한다고 말했기 때문에 상대방이 제안한 기획에 흥미를 가지고 있는 것은 확실하다.

먼저 입을 열어
주도권을 잡아라

잡담을 할 때 그저 묵묵히 듣고만 있던 사람이 이야기가 본 주제로 들어가자 갑자기 몸을 앞으로 내밀고서 입을 여는 사람이 있다. 이런 행동을 하는 사람은 주도권을 쥐고자 하는 것이다.

많은 사람이 모이는 모임에서는 어떤 타이밍에서 말을 하는지에 따라 분위기를 바꿀 수 있고 역학 관계가 달라진다. 예를 들어 어느 누구도 입을 떼지 않은 상황에서 "오늘 주제는 ○○입니다만, 그전에 △△에 대해서 잠시 의견을 나누고 싶습니다"라고 발언하면 의도한 방향대로 흐름을 잡을 수 있다.

하지만 이미 본 주제가 시작되고 나서는 같은 말을 해도 이미 진행되는 흐름을 멈추기는 어렵다. 이처럼 회의 등에서는 처음 제안된 의제가 주제가 되는 경우가 많기 때문에 가장 먼저 입을 여는 사람이 주도권을 잡을 확률이 높아진다.

이 화법은 귀찮은 부탁을 하러 오는 상대방을 피하는 방법으로도 응용 가능하다. "잠깐 괜찮을까?"라고 상대방이 말을 마치기 전에 "아. 마침 다행이다. 그 건은 어떻게 되어 가고 있어?"라고 입을 막으면 주도권을 쥘 수 있다.

술자리에서
일 이야기를 하는 속내

회사원들은 술자리에서 이야기를 하면서 친목 도모를 하고 스트레스를 풀고 의욕을 높인다. 술 커뮤니케이션이라 할 수 있을 정도로 술자리가 중요하다. 술자리에서 하는 말 중 빠지지 않는 내용이 상사의 험담이다. 험담을 하면서 힘든 사람이 자신뿐만이 아니라는 사실을 확인한다.

최근에는 이런 술자리에도 스트레스를 느끼고 직장 사람들 대신 친구 또는 연인과 함께 술자리를 한다. 그런데 업무와 직접적으로 관련 없는 사람과 술을 마시고 있음에도 불구하고 업무 이야기만 하는 사람이 있다.

이런 사람은 단순하게 업무에 관련된 자기 자랑을 이야기하려는 것이 아니라 상당한 스트레스를 받고 슬럼프에 빠진 상태인지도 모른다.

술을 마시면 알코올 때문에 뇌의 움직임도 둔해지고 마음도 느슨해진다. 힘들었던 일도 그저 번거롭고 귀찮게 여겨진다. 술의 힘을 빌려서라도 업무 생각을 머릿속에서 지우려고 하지만 제대로 되지 않아 업무 얘기만 하는 것이다. 생각대로 일이 되지 않아 생각하지 않으려 하지만 결국 생각이 나고 두려워지기까지 한다.

술을 마시면서 업무 이야기를 하는 사람을 보면 얼마나 힘든지 이해해 주고 가벼운 농담이라도 하면서 고충을 덜어 주자.

두려울수록
더 화를 낸다

자신의 의견이 다른 사람에게 인정받지 못하면 "말도 안 돼!"라며 거세게 반발하거나 비난을 받으면 그럴 리 없다고 이를 악 물고 화를 내는 사람이 있다.

만일 본인이 자신의 의견을 제대로 내세우지 못하고 쉽게 주눅이 드는 사람이라면 이렇게 강한 태도로 나오는 사람을 조금은 부러워할지도 모르겠다.

그러나 이런 식으로 거세게 반발하고 싶다면 그 생각은 틀렸다. 잘못을 지적받으면 인정하지 않고 금방 화를 내는 타입은 의외로 기가 약하거나 스스로에게 자신감이 없는 사람이다.

거칠게 반발하는 이유는 자기주장을 하기보다 상대방의 이야기에 반박하기 위해서이다. 비난을 하는 사람은 비난의 이유를 말하기 마련이지만 들을 용기가 없고 듣고 싶지 않기 때문에 세차게 공격하면서 말을 가로막으려고 한다.

무서움이 많은 개일수록 더 짓는다는 말도 같은 맥락이다. 이런 사람과 함께 일을 한다면 기죽은 태도를 보여서는 안 된다. 담담하고 냉정하게 대응하고 무슨 말을 해도 동요하지 않는 모습을 보여야 한다.

이미지 변화는
겉모습부터 시작하라

회사에 출근하면 늘 같은 사원이 같은 자리에 앉아 있고 "좋은 아침입니다"라고 가볍게 인사한다. 그는 가벼운 농담을 좋아하고 잘 웃는다. 회사 내에 이런 사람이 있다면 밝고 활기 넘치는 인상을 받을지도 모른다. 그렇게 해서 그 사람의 이미지가 만들어진다.

사람의 이미지는 그 사람의 행동에서 나오지만 결국 다른 사람이 결정하는 부분이 크다.

지각도 절대 하지 않고 겉모습이 단정한 사람은 '규칙적이고 바른 사람', 늘 덥수룩한 머리에 출근 시간에 아슬아슬하게 맞춰 서둘러 도착하는 사람은 '칠칠치 못한 사람'으로 판단한다. 집안에서는 아무리 칠칠치 못해도 아무도 보지 못했다면 그 행동은 평가의 대상이 되지 못한다. 이미지를 만드는 것은 타인이다. 따라서 이미지를 바꾸고 싶다면 먼저 다른 사람이 보이는 곳부터 변화해야 한다. 보여 주기 위한 목적이더라도 늘 의식해서 행동하면 내면에도 변화가 나타난다.

먼저 겉모습부터 바꾸고 태도를 바꾼다면 자연스럽게 자신이 그리고 있는 사람에 가까워질 것이다.

고백의 효과와
타이밍

사람들이 친구를 만들 때 종종 쓰는 방법이 '고백'이다. "사실은 말이야"라는 말로 시작해서 자신의 속내, 환경, 상황 등을 고백함으로써 친밀감을 높이고 관계를 굳건히 한다. 나를 이렇게 가깝게 생각하고 있었나 싶어서 긍정적으로 받아들이는 이들도 있다.

본래 고백은 친한 사이에 주고받는 행위이다. 고백을 통해 관계를 더욱 긴밀하게 다진다. 만일 친하지 않은 사람이 고백을 한다면 친해지고 싶다는 의도에서 나온 것이다.

하지만 아무에게나 자신의 비밀을 이야기하는 사람은 친해지고 싶다는 생각이 강해 조급해져 차근차근 단계를 밟지 않고 고백부터 하는 것이다.

이런 행동을 하는 사람은 처음 만나는 사람과 친해지기 어렵고 반대로 고백을 함으로써 서로 흥분하며 분위기를 고조시킨 경험을 했을 것이다.

심리학에서는 '자기개시'라고 말하는데 자신을 열어 보임으로써 상대방의 마음을 여는 방법이지만 누구나 동조한다고는 할 수 없다.

듣고 싶지 않는 이야기를 계속해서 이어 가면 상대방은 고백을 강요받는 느낌이 들고 부담스러워 한다. 효과 있는 심리 기술이라 하더라도 적당한 타이밍에 하지 않으면 결국 거리를 더 멀어지게 할 뿐이다.

상대가 추억담을 털어놓을 때를 놓치지 말라

상사와 단 둘이 출장에서 업무를 마치고 함께 술을 마시러 갔다고 가정해 보자. 평소에는 업무 이야기밖에 하지 않던 성실한 상사가 술에 취해 "사실은 나 중학생 때 교사도 포기한 악동이었어"라고 고백을 한다면 자신도 모르게 놀랄 것이다.

이런 옛날 추억을 털어놓는 과정에서 상대방의 심리를 알 수 있기 때문에 가볍게 흘려 넘겨서는 안 된다.

본래 사람은 다른 사람에게 자신의 본성을 드러내는 것을 싫어한다. 얼굴을 마주하고 "○○씨는 어떤 사람이에요?"라고 물으면 금방 대답하는 사람이 그렇게 많지는 않을 것이다.

그런데 옛날의 자신이라면 이야기는 달라진다. 지금의 자신은 이야기하고 싶지 않지만 과거의 자신은 좀 더 객관적으로 볼 수 있다. 게다가 심리학에서는 사람의 성격이나 본질은 큰 사건이나 계기가 없는 한 잘 변하지 않는다고 한다.

따라서 "아이 때는 울보였어"라고 말하는 사람은 어딘가 약한 면이 있다는 것이고, "지는 것을 무척 싫어했다"고 말하는 사람은 지금도 역시 승부욕을 감추고 있다.

5

마음을 사로잡는
말의 힘

상대방의 마음을 잡을 수 있는
'닮은 사람'의 법칙

지금까지는 별로 호감을 느끼지 못했던 사람이었지만 생각이 같거나 취미가 비슷한 사실을 발견하면 이상하게 친근감이 들게 마련이다.

심리학에서 말하는 유사성의 원리로 자신과 닮은 사람을 만나면 '닮은 사람'이라 인식하고 한순간에 아주 친한 사이로 발전할 수 있다. 이 심리를 이용하면 상대방의 마음을 잡는 일은 그다지 어렵지 않다. 상대방의 말에 동조하면서 닮은 사람으로 인식시키면 된다.

예를 들어 "너도 이 책 좋아해? 실은 나도 그래" 또는 "저 영화에서 감동받은 이유는 이 이유 때문인데 너도 같구나"라고 말할 수 있다. 만일 상대방이 이상하게 닮은 점이 많다면 의심해 볼 수도 있다. 당신의 호감을 사기 위해 닮은 척하고 있는 것은 아닌지 말이다.

원래 사고방식이 맞는 사람끼리는 그렇게 많은 대화를 나누지 않아도 서로 알 수 있다. 오히려 닮은 부분을 강조할 필요도 없다. 만일 상대방이 무리하듯이 공통점을 찾으려고 한다면 그렇게까지 하면서 당신과 친해지고 싶은 것이다.

한정시키는 문구가
마음을 움직인다

동료가 산더미처럼 쌓인 업무 때문에 도저히 혼자서는 끝 낼 수 없을 때 당신이 도움을 줘야 하나 어떻게 할까 고민하 고 있다. 이때 동료가 거의 울듯한 표정을 지으며 말한다. "지 금 이런 부탁할 수 있는 사람이 너뿐이야. 나 좀 도와줄 수 있 어?"

이런 말을 들으면 당신도 거절하기 매우 곤란해지지만 상 대방의 작전일 수 있다. 이 상황에서 그냥 '도와주면 좋겠다' 라고 말하는 것보다 '~뿐'이라는 한정시키는 문구를 붙이면 성공 확률이 높아진다.

사람의 마음은 '당신뿐'처럼 한정시키는 말에 마음이 움직 이기 마련이다. 게다가 이 한정 문구에는 그 사람을 특별한 존 재처럼 보이게 하는 힘이 있다. 자신이 특별한 사람으로 여겨 지면 누구라도 자존심이 서고 기분이 좋아져 요구를 금방 받 아들인다.

무언가 부탁할 일이 있을 때는 이 문구를 사용하면 효과적 이다. 은혜는 은혜로 갚는다는 심리가 작용해서 한 번 도와주 면 당신이 힘들 때도 도와주게 될 것이다.

상대의 자존심을
높여 주는 말

상대방이 대화 도중에 "물론 알고 계실 거라 생각하지만" 이라는 말을 말머리에 두면 어떤 생각이 드는가. 아마도 그 이야기를 들으려고 신경을 곤두세울 것이다.

이 화법은 듣는 이가 이야기에 집중하게 하는 데 매우 효과적이다. 이렇게 이야기를 시작하면 실제로 모르더라도 "저는 모릅니다"라는 말을 섣불리 꺼내기가 좀처럼 힘들다.

그래서 상대방은 '무슨 이야기지?'라고 생각하며 이야기의 내용에 집중하고 조금이라도 깊이 이해하려 노력한다. 알고 있을 것이라 예상하는데 모른다는 사실을 가능한 상대방에게 들키고 싶지 않기 때문이다.

특히 '당신이라면 알고 있을 것이다'는 뉘앙스로 말하면 알아야 한다는 압박감을 받는다. 이 말에는 '자신을 다른 사람보다 한 단계 위로 보고 있다는 의미'로 받아들여져 자존심도 높아진다.

이 말을 함으로써 상대방은 자신의 호감도가 높아지길 바라고 따라서 인간관계도 넓히려는 것이지만 그대로 받아들일지 말지는 당신의 선택이다. 심리 전술의 하나로 기억해 두자.

연대감을 주는
'책임은 제가 지겠습니다'

목적을 달성하기 위해 능력이나 세대가 다른 부하 직원들을 불러들여서 연대감과 책임감을 심어 주기 위해서는 리더로서의 자질이 중요하다.

어느 야구팀 감독은 "모든 책임은 내가 진다"라는 말을 자주 한다. 패전의 원인을 선수나 코치에게 묻지 않으며 선수 기용, 전달 실수, 전략 등 모든 책임은 지휘관인 자신에게 있다고 선수에게 줄곧 말했다.

이런 상사가 있다면 부하들에게는 연대감이 생겨난다. 책임감이 강한 상사에게 기댈 수 있어서 안심하고 자신의 일에 열중할 수 있기 때문이다.

어떻게든 지휘관의 기대에 부응하기 위해 용기를 가지고 경기에 임한다. 그 결과 한 사람 한 사람에게 자연히 책임감이 생긴다.

상사 중에는 실수를 부하에게 전가하고 실적은 자기가 취하는 자질 없는 인물도 있다. 이런 상사에게 나오는 말은 책임을 회피하기 위한 변명들뿐이다.

팀의 책임은 지휘관이 안고 각각의 평가로 이어지는 일은 본인 하기 나름이라는 환경을 만들어 주면 부하들은 안심하고 적극적으로 자신의 능력을 발휘할 수 있다.

아마 능력 있는 리더는 이 모든 일을 생각하고 이 말을 할 것이다.

기억이 나지 않은 일을
파고드는 상대 대처법

한 번 만난 사람의 얼굴이나 이름은 절대로 잊어버리지 않을 만큼 기억력이 좋은 사람도 있지만 대부분 사람은 자신의 언동에 관해서는 기억을 잘하지 못한다. 이 점을 악용해서 상황을 유리하게 조작하는 사람이 있다. 가령 "~라고 말했잖아" 또는 "~였을 거야"처럼 단정을 짓는 말투를 쓴다면 경계해야 한다. 물론 어제나 오늘 하지도 않는 약속을 "약속했잖아"라면 거짓말임을 금방 알 수 있지만 오랫동안 거래하고 있는 상대방에게 "처음에 확실히 가격 인상은 절대 하지 않겠다고 말했잖아요"라며 몇 년 전에 일들을 꺼내기 시작한다. 그러면 대개 불확실한 기억을 떠올리며 자신이 말했는지 헷갈린다. 이런 상황이 되면 "자. 그럼 그렇게 하시죠"라며 상대방이 원하는 대로 유리하게 이야기를 진행할 수 있다.

비즈니스에서 이런 수법에 당하면 큰 손해를 입는 사람은 당신이다. 자신의 기억력이 나쁘다고 자각한다면 이런 수법에 빠지지 않도록 조심하자. "정확히 그때가 언제죠?"라거나 "그때 그 말을 들은 사람이 저 말고 또 누가 있나요?" 하는 식으로 상대방의 기억을 역공격하면서 침착하게 우위를 점하자.

상대의 마음을 열 때는
'힘들었죠?'라고 묻자

말을 잘 들어 주는 사람과 말을 잘하는 사람 중 신뢰를 얻을 수 있는 사람은 말을 잘 들어 주는 사람일 것이다. 인간은 이해받고 있다는 안도감을 느끼면 상대방에게 호감을 가진다.

이 심리를 이용해서 다른 사람의 마음을 쉽게 얻을 수 있는 입버릇이 '힘들었죠'라는 말이다. '힘들었겠다'라는 말을 들은 사람의 입장에서 생각해 보자. 누구나 업무이든 개인적이든 크고 작은 문제나 괴로운 일을 안고 살아간다.

이 괴로움이 '힘들었죠'라는 말을 듣는 순간 자신이 힘들어하는 일을 구체적으로 이해받았다고 생각하고 상대방에게 호감을 느낀다. 물론 이 말에는 구체적 내용이 없다. 그러나 애매하기 때문에 더욱더 많은 사람의 마음을 잡는 마법의 말이기도 하다.

이런 위로의 말을 듣고 자기 마음대로 해석하는데 이것은 점쟁이도 자주 사용하며, 기본적으로 사람들의 마음을 사로잡는 상술이기도 하다.

스스로에게 맞장구치는
사람의 심리

맞장구는 보통 다른 사람이 말을 할 때 받아치는 호응이지만 자신의 말에 맞장구를 치는 사람도 있다. "어제 그 식당이 정말 맛이 있었어. 응, 그래" "그 집이 참 좋았어, 그렇지" 하고 말하는 사람이다. 단순히 말하는 습관 중 하나로 볼 수 있겠지만 복잡한 내면이 숨겨져 있다.

본래 맞장구는 상대방의 이야기에 동조하는 것이다. 즉 스스로가 한 말에 맞장구를 치는 행동은 자신의 이야기를 긍정하고 있다는 뜻이다.

이런 타입은 완고하고 스스로를 늘 긍정하기 때문에 다른 사람이 진의를 말하려고 하면 부정적인 반응을 두려워하는 열등감을 드러낸다. 자신의 이야기를 바로 긍정하는 것은 상대방에게 그 이야기에 부정적 의견을 내지 말라는 뜻이기도 하다.

상대방의 부정적인 반응을 미리 차단하는 것이다. 본인 또한 이런 심리를 모르는 경우가 많다. 완고한 인상과는 달리 마음이 약한 부분이 있어 교제 시에는 주의해야 한다.

무의식중에 본심을 말하는
때를 노려라

누구라도 겉과 속이 같은 성실한 사람이고 싶지만 좀처럼 쉽지 않다. 철저하게 계산적인 사람이 아니라도 사회생활을 위해 속마음과 다르게 행동하는 때가 많다. 그러나 자신의 의도하지 않는 곳에서 본심이 들통이 나는 순간이 있다. 긴장을 확 풀었을 때가 바로 그 순간이다.

직장에서는 긴장을 늦추지 않고 업무를 척척 처리하는 사람도 아내나 남편 앞에서는 어리광 피우듯 회사에서 있었던 일들을 늘어놓는다. 집이라는 공간에서만큼은 안심하고 긴장을 풀 수 있기 때문이다. 따라서 그 사람과 터놓고 이야기하고 싶으면 집으로 찾아가는 방법도 있다. 가장 편안한 곳이기 때문에 상대방이 쉽게 여러 가지 이야기를 말한다.

혹은 집이 아니라도 의견이 서로 대립하여 분위기가 심상치 않은 회의 중 휴식 시간에 긴장이 잠시 풀린 틈을 타서 "지금 이야기 어떻게 생각해?"라고 물으면 "여기서 하는 말이지만 사실 반대 의견이야"라며 쉽게 본심을 말하기도 한다. 집에서 푸념을 늘어놓는 것은 상관없지만 직장에서는 이런 실수로 인해 다른 사람의 원망을 살 수 있으므로 주의가 필요하다.

잠재 능력을
끌어내는 방법

손짓 발짓이 너무 커서 행동이 과장스럽게 보이는 사람이 있는데 본래 그런 사람도 있지만 상황에 따라서는 일부러 그렇게 연출하고 있을 가능성도 있다.

사람은 위기 순간에 자신도 모르는 엄청난 힘이 나오듯 평소에는 밖으로 표출되지 않는 숨겨진 잠재 능력이 있다. 이는 신체적 능력뿐만 아니라 성격이나 기질도 마찬가지인데 평소에는 어른스러운 동료가 화가 났을 때 이성을 잃고 화를 내는 경우도 그러한 예이다.

앞에서 말한 것처럼 이 잠재 능력을 최대한 밖으로 끌어내는 방법이 대화중에 하는 손짓과 발짓이다. 투포환 선수가 소리를 지르면서 포즈를 취하고 자신을 격려하듯 과장된 몸짓을 함으로써 '나는 강하다' '나는 이 정도는 충분히 할 수 있다'는 자기과시와 표현을 하는 것이다.

허세라고 하는 사람도 있지만 의외로 공을 세우는 일이 많아 무시할 수만은 없다.

탐탁지 않는 부하가
상담하러 오는 이유

　별로 친하지도 않는 부하가 갑자기 상담을 요청하러 왔다. 흔쾌히 승낙을 하면서 평소 교류는 없었지만 부하를 생각하는 마음이 전해졌구나 하고 기뻐하기에는 이르다. 이 부하에게는 생각지도 못하는 저의가 숨겨져 있을 가능성이 있다.

　상담을 하러 오는 이유는 상대방을 신뢰하기 때문인 경우가 대부분이지만 평소에 별로 친하지 않는데 상담을 하러 온다면 이야기가 달라진다. 이는 신뢰하기 때문이 아니라 신뢰를 얻는 일이 목적일 가능성이 높다. 좀 더 정확히 말하자면 '나는 신뢰를 받고 있구나'라고 생각하게 만들어서 상사의 자존심을 높여 주고 기분을 좋게 만들어 주기 위함이다.

　그래서 바로 해결 가능한 가벼운 상담이 아니라 정답이 없거나 해답을 내기에는 조금 시간이 걸리는 내용이 많다. 예를 들어 기획서를 재검토하거나 동료와의 관계 등 가능한 힘을 빌려 상사를 의지하고 있다는 생각이 들게 만들어 상사의 호감을 사고 아군으로 만들려는 것이다.

양자택일 중
후자를 택하는 심리

사람이 가장 쉽게 유도되는 때는 식사나 쇼핑 등 돈을 지불할 때이다. 구매 의욕이 강한 사람일수록 이를 잘 다루는 상대방을 만나면 그의 의도대로 움직인다.

예를 들어 식당에서 구이 정식을 주문하려고 직원을 불렀다. 직원을 부르자 "1000원 추가하시면 계란말이를 추가할 수 있습니다. 어느 쪽을 하시겠습니까?"라며 묻는다. 처음에는 구이 정식만 시켜 먹을 생각이었지만 직원이 권하면 아무 고민 없이 "그럼 계란말이로"라며 선택하게 된다. 이것이 바로 영업 기술이다.

'어느 쪽으로 하시겠습니까?'가 아니고 '사이드 메뉴를 추가할까요?'라는 질문이 상식일 것이다. 그렇지만 상대방은 이 단계를 건너뛰고 양자 선택형 질문을 한다.

이런 질문을 받으면 선택에 압박을 느껴 선택 범위 안에서만 대답한다. 상대방은 이 심리를 이용한 것이다.

양자택일의 경우는 후자가 강조되기 때문에 상대방은 쉽게 유혹당한다. 즉 여기서 계란말이를 선택한다면 식당의 영업 전략에 걸려든 셈이다.

기대감을 키우는
자이가르닉 효과

재미있는 드라마를 보며 한창 빠져 있던 중 클라이맥스에서 '다음 회에 계속'이라는 자막이 나오면 누구라도 빨리 다음 이야기를 보고 싶다는 욕구를 강하게 느낀다.

심리학에서는 '자이가르닉 효과'라고 하는데 어떤 일이 도중에 중단되어 무언가 부족한 느낌을 받는 현상을 말한다. 사람들은 이 딜레마를 느낌으로써 다음 회를 기다리는 기대가 높아지는 것이다.

최근 케이블의 추리 드라마에서 전개를 한 뒤 광고 방송을 하는 것도 이런 이유에서다.

물론 이런 예가 드라마에 한정되지는 않는다. 예를 들어 연인과의 데이트를 하다가 회사 일이 많거나 갑자기 일이 생겨 빨리 집으로 가야 한다면 실망감도 크지만 충족되지 않은 느낌 때문에 '빨리 다시 만나고 싶다'는 기분이 든다.

상대가 이 심리 효과를 아는지 알 수는 없지만 좋은 분위기가 막 시작되는 시점에서 집에 돌아가려 하거나 "참, 상담할게 있는데. 오늘은 시간이 안 돼서 다음에 할게"라며 궁금증을 자아내고 돌아간다.

이렇게 되면 분위기는 상대방에게 점차 유리하게 흘러간다. 상대방의 의도대로 어중간한 기분으로 다음 기회를 기다릴 수밖에 없다.

6

상황을 이끄는
대화

구매 욕구를
자극하는 방법

영업 담당자가 신제품을 가지고 왔다고 가정해 보자. 이 신제품을 살지 말지 판단하는 일은 당신이 결정해야 하지만 도무지 결정을 내리지 못한다. 그러자 담당자가 다음과 같은 말로 설득을 한다. "이 제품을 구매하면 초기에는 비용이 조금 들어도 직원의 작업 효율이 높아질 것이며 결국 모두 즐거워할 것입니다."

이렇게 '물건을 사면 모두가 행복해진다'는 생각이 들게 해 판매를 유도하는 방식은 전형적인 판매 전략이다. 물건을 사는 일이 이득임을 알려 주어 구매 명분을 만드는 것이다.

현재 사용하는 제품이 아직 쓸 만한데 새로운 제품으로 교체하면 낭비를 한다는 죄책감이 들기 마련이다. 죄책감을 없애려면 그만큼의 명분이 있어야 한다. 새로운 자동차 구매를 주저하는 남성에게는 '지금보다 안전성이 매우 높아서 가족의 안전에 최고의 선택이 된다.'라고, 식기 건조기를 구매하는 여성에게는 '설거지 시간이 줄어드는 대신 아이들과의 대화 시간을 늘릴 수 있다' 등 가족이나 주변인물들이 행복해진다는 이미지를 심어 주는 말로 명분을 주면 구매를 유도할 수 있다.

화제가 자주 바뀌는 사람은
어떤 인재가 될까

대화를 할 때 이야기의 주제가 몇 번이나 바뀌어서 대화 내용을 따라가기 힘든 사람을 본다. 이야기를 그냥 흘려버리는 경우도 있겠지만 이런 타입은 창의력이 풍부하고 아이디어가 넘치는 사람이 많다. 이야기 전환이 빠르다는 말은 연상 능력이 뛰어나다는 뜻이다.

예를 들어 수족관 이야기를 하다가 낚시 이야기로 넘어가고 낚시 경험을 말하다가 바다에 갔을 때의 일이 이어지고 바다 이야기를 하다 보니 국제 정세로까지 번지는 식이다.

이런 사고 과정을 모두 생략하고 수족관 이야기에서 국제 정세까지 이야기를 뛰어넘기 때문에 어떻게 보면 아무런 맥락이 없는 화제를 계속해서 이어 가는 것처럼 여겨진다.

이런 타입은 호기심이 강하고 관찰력이나 창의력도 뛰어난 사람이 많다. 기획부 같은 곳에서 능력을 크게 발휘할 수 있을 것이다. 이리저리 화제를 바꾸는 과정에 기획의 핵심이 많이 포함되어 있기 때문이다.

그러나 산만하고 꼼꼼하지 못해서 서류 작성이나 경비 계산 같은 일반적인 사무 작업이 어려운 약점도 있다.

각자의 개성을 잘 파악해서 적재적소에 인재를 배치하는 시도가 중요하다.

상대의 진심을
자연스럽게 듣는 방법

사람들은 좀처럼 본심을 말하지 않는다. 상황에 맞지 않은 말로 웃음거리가 되거나 이상한 사람으로 여길까 걱정한다. 다른 사람의 평가가 신경 쓰여서 늘 무난한 대답을 한다. 하지만 회의에서 아이디어를 계속해서 내주길 바랄 때나 정말로 알고 싶은 것을 물을 때는 약간의 기술을 써 보자. 만약 갑자기 "이 안건에 대해 어떻게 생각해?"라고 물었을 때, "그럼 내 의견을 하나 말하자면"이라고 대답하기는 어렵다. 하지만 "일반적으로는 어떻게 받아들여진다고 생각해?"라고 물으면 어떻게 될까?

질문의 대상자를 불특정 다수로 가정하기 때문에, 질문을 받은 쪽은 자신의 의견이 아니라, 다른 사람의 생각을 추측하는 입장에 서게 돼서 부담 없이 대답을 할 수 있다. 그 때문에 "대부분의 사람들은 ○○가 아닐까요?"라고 대답하기 쉬워진다. 흥미롭게도 이 발언 속에는 대답한 사람의 본심이 투영되기 마련이다. 굳이 다른 사람의 일이라 하고 질문을 받으면 자신도 모르게 쉽게 본심이 드러난다.

자연스럽게
자랑하는 방법

자기 자랑만 하는 사람을 좋아하는 사람은 없다. 자신을 잘났다고 여기는 사람은 본인뿐이고, 듣고 있는 사람은 짜증이 나거나 지루하다. 그러한 심리를 파악하는 사람은 자랑하고 싶은 일이 있으면 자신이 말하지 않고 '제3자'를 이용한다. 미팅 등에서 자기 입으로 "실은 대기업에 근무하는데…"라고 자랑하면 꼴불견이지만, 친구가 "이 친구는 대기업의 엘리트거든" 하고 말하도록 만들면, 여성들에게도 "멋지다"라고 자연스럽게 칭찬받을 수 있다.

따라서 친한 친구와 동석할 경우, 미리 "나에 대해 멋지게 말해 줘. 대신 너의 장점을 내가 말해 줄 테니까"라고 부탁할 수도 있고 마음이 통하는 친구가 동석하지 않은 경우는, 우선한 친구를 마구 칭찬하는 방법도 있다.

사람은 다른 사람으로부터 뭔가 좋은 대우를 받으면 비슷하게 되돌려 주고 싶어지므로, 얼마 안 지나서 가만히 있어도 상대가 칭찬을 해 줄 것이다.

이렇게 용의주도하게 계산하지 않아도 사람의 심리를 다루는 데 뛰어난 사람이라면 그렇게 유도하는 일 정도야 쉽다.

상대방이 거절하는
이유를 이용한다

교섭에 뛰어난 사람은 도저히 공략할 수 없다고 여겨지는 상대에게도 별 어려움 없이 목적을 이룬다. 그들이 주로 쓰는 핵심어는 '~니까'이다.

보통 친한 사이가 아니면 쉽게 부탁을 하지 못한다. 더구나 상대가 틀림없이 거절할 것을 알고 있으면 더더욱 부탁하기 어렵다. 하지만 이들에게는 상대방이 거절하는 이유야말로 공략할 수 있는 여지가 된다.

예를 들면, 바쁘다는 이유로 일을 거절했다고 하자.

"바쁘신 점은 잘 알면서도 부탁드리는 겁니다. 바쁠 때 더 잘하시지 않습니까? 이번 건은 ○○씨 밖에 없습니다"라는 식으로 매달리면, 자신도 모르게 앞의 말을 철회하고 승낙한다.

교섭을 잘하는 사람은 '바쁘다'라는 거절의 이유를 '바쁘니까~'로 바꿔서 받아들일 수 있는 적극적인 이유로 전환시킨다. 위기를 기회로 바꾸는 발상의 전환으로 교섭을 매끄럽게 진행시킬 수 있다.

교섭할 때는 음식을
먹으면서 하라

"차라도 마시지 않겠어요?" "어디서 식사라도 할까요"처럼 곧잘 음식을 권하는 사람이 있다. 단순히 먹으면서 대화하는 걸 좋아하거나 인정이 많거나 식욕이 왕성한 사람이라 생각할 수도 있지만, 사람의 심리를 이용하는 데 능숙한지도 모른다.

공복 상태에는 쉽게 초조해지거나 화를 낸다. 느긋하게 대화에 집중하지 못하고 예민해진다. 일부러 이런 공격적인 상황을 만들려는 경우면 별개지만, 좋은 분위기로 대화를 이끌고 싶다면 무언가를 먹어야 한다.생리학적으로 봤을 때 아무것도 마시지도 먹지도 않고 장시간 회의를 하는 일은 어리석음의 극치이다. 음식을 먹으면 입, 식도, 위, 소장, 대장 등의 소화기관이 활발하게 움직인다. 소화기관의 장기를 움직이는 일은 부교감신경의 역할이다. 부교감신경은 에너지를 저장하고 몸과 뇌의 긴장을 풀게 만들며, 편한 상태에서 활발하게 활동하는 신경이다. 즉 먹거나 마시면서 소화 기관을 움직이면 부교감신경이 활동해 결과적으로 편안한 상태가 된다. 차나 식사를 상대에게 권하는 것은 공복에 의한 초조함을 진정시키고 부교감신경의 효과를 능숙하게 이용한 교섭술이다.

상대의 의욕을
부르는 화술

"너한테는 무리지?" "어차피 안 되겠지" 하고 단호하게 말하는 사람은 좋은 인상을 주지 못한다. 하지만 상대방의 자존심을 건드리는 도발적인 말은 상대를 움직이는 효과가 있다.

예를 들면 팀에서 무언가를 시작할 때, 좀처럼 움직이지 않는 사람이 있다면, 바로 독려하거나 나무라지만 좀처럼 효과가 나지 않는다.

머뭇거리며 행동으로 옮기지 않는 이유는 그 일에 대해 심리적 반발이 있기 때문이다. 인간은 자신이 결정할 때 가장 의욕이 생긴다. 다른 사람으로부터 명령을 받아도 본인이 하고 싶지 않다면 의욕이 생기지 않을 뿐만 아니라, 지시와 명령을 따르지 않고 전혀 반대되는 행동을 한다.

그런 점에서 도발을 잘하는 사람은 이를 잘 알고 "어차피 못하지?"라는 말로 상대방을 자극한다. 이런 말을 하면 반발하고 싶어져 결과적으로 '꼭 하고 말거야'라는 생각이 든다.

특히 자존심이 강한 사람일수록 도발에 넘어가기 쉽다. 상대가 화나기 직전까지 도발해서 의욕이 생기게 하는 기술은 좀처럼 흉내 내기 어렵다.

쉽게 지시에 따르도록 하는
두 마디 말

지시할 때 두 마디를 했을 뿐인데 상대방이 받아들이고 행한다면 이보다 더 편할 수는 없을 것이다. 현실적으로는 지시 하나도 제대로 실행되지 않아 속을 썩는 경우가 많다. 하지만 이것저것 지시해도 말이 많다고 생각되지 않고 부드럽게 사람을 움직이는 사람도 있다. 그는 효과적으로 지시하는 법을 알고 있는 사람이다.

사람은 한 마디 말로 지시받을 때보다 두 마디의 말로 나누어서 지시받을 때 더욱 거절하기 어렵다. 예를 들면 '이쪽으로 와'보다는 '일어서서, 이쪽으로 와'라고 말을 하는 편이 쉽게 지시를 따르게 할 수 있다.

한번에 두 가지 지시를 받으면, 어느 쪽부터 먼저 거절을 해야 할지 혼란에 빠지기 때문에 지시를 따른다. 자신감이 가득 찬 태도로 단정적으로 말을 한다면 더욱 쉽게 따른다.

연속적으로 지시를 받아도 자신도 모르게 그대로 움직이게 되는 이유는 상대가 단순히 말이 많은 것이 아니라, 능숙하게 사람을 다루는 법을 알기 때문이다.

금지당하면
더 하고 싶어진다

열면 안 된다고 들은 판도라 상자를 결국 여는 심리처럼 금지된 일은 더욱 하고 싶어지는 것이 인간의 본성이다. 이 심리를 역으로 이용해 사람의 심리를 조정할 수 있다. 이 방법이 가능한 사람은 상당히 높은 수준의 테크닉을 구사하는 사람이다.

예를 들면 '이 방송은 안 보는 편이 좋아'라는 말을 들으면 어떻게 느낄까? 어떤 내용인지 궁금해서, 오히려 보고 싶어질 것이다.

'~해서는 안 된다'라고 금지하는 말을 하면 부정하는 내용이 아니라 '~한다'는 행위 쪽의 이미지가 잠재의식에서 강조된다고 한다.

부정적 표현만 쓰는 사람은 잠재의식을 움직이게 하여 상대의 행동을 뜻대로 조정할 수 있다. 게다가 부정형을 취하는 화법이기 때문에 상대는 조정당하고 있음을 알아차리기 어렵다. '이것도 안 돼' '저것도 안 돼'라는 식의 부정적인 말이 앞에 나열되면, 참기 어려울 정도로 무언가 하고 싶어질 수 있다. 이는 상대의 의도일 수 있으니 휘둘리지 말고 진짜 자신이 하고 싶은 것이 무엇인지 확인해 보자.

'너도 그렇게 생각하지?'에는
모르쇠로 나가라

어릴 때, 나쁜 짓을 해서 선생님께 야단맞으면, 바로 "그게 아니라 ○○이가 하자고 해서"라던가 "네가 처음 말을 꺼냈지?"라는 식으로 책임 전가를 하는 친구는 없었던가?

이런 타입은 어른이 되어도 마찬가지다.

예를 들면, 상대가 회사에 대한 불만을 실컷 내뱉다가 "너도 그렇게 생각하지?"라고 말해서 무심코 "맞아 그런 면도 있을지도 모르지"라고 대답했다고 하자.

그러면 상대는 나중에 그 불만을 토로한 사실이 회사에 들켰을 때 당신을 물고 늘어지며 "그때 너도 동의했지?"라고 태연하게 죄를 덮어씌우기도 한다.

이런 이해할 수 없는 행동은 결국 자기 혼자 죄를 뒤집어쓰고 싶지 않아서이다. 또한 다른 사람과 책임을 함께 지면 자신의 책임 부담이 줄어든다고 생각해서이다. 주위에서 응석을 받아 주는 환경에서 자란 도련님 타입이 많은데, 자기 혼자서 책임을 지는 일을 극도로 싫어한다.

이런 책략에 넘어가면 상대와 함께 책임을 져야 할 뿐만 아니라 최악의 경우 혼자서 죄를 다 뒤집어쓸 우려도 있다. 상대가 비열한 작전으로 나온다면, 이쪽은 모르쇠로 밀고 나가자.

그리고 애초에 그의 말에 동의하지 않는 편이 좋다.

전화 속 목소리로
알 수 있는 성격

화상 전화를 걸지 않은 이상 일반적으로 전화로 상대방의 얼굴을 볼 수 없다. 표정을 읽고 기분을 파악하는 일은 불가능하지만 목소리와 말투로 알아차릴 수는 있다.

예를 들면, 억양이 있는 말투를 쓰는 남성은 정감이 많고, 다른 사람에 대한 배려와 자상함도 가지고 있다. 여성은 상대의 감정을 이해하는 능력이 뛰어나다.

억양이 없는 말투를 쓰는 사람은 남녀 모두 그다지 감정을 나타내지 않고 소극적인 경향이 있다. 말투가 긴장되어 있으면 남성은 성질이 급하고, 자기주장이 강한 경향이 있지만, 여성은 흥분하기 쉽고, 냉정, 침착성이 떨어지는 일면도 있다. 또 목소리의 톤이 높은 사람은 기본적으로 제멋대로이고, 자기주장이 강하며, 흥분하기 쉽다. 반대로 낮은 목소리로 말하는 사람은 냉정하고 침착하며 감정을 조절하는 능력이 뛰어나다. 말이 빠른 사람은 머리 회전이 빠르고 사교적이지만, 성질이 급한 면이 있어 너무 앞서 나가거나 넘겨짚는 경우가 많다.

얼굴이 보이지 않는 만큼 상상력을 발휘해서 상대의 말에 귀 기울여 보면 몰랐던 여러 가지를 알 수 있다.

Part 2
행동에 숨겨진 심리

1

눈이 말하는
심리학

회의 중에
상대방을 응시하는 심리

회의를 할 때 자신을 뚫어지게 쳐다보는 사람이 있다면 어떤 기분이 들까? 상대가 이성이라면 살짝 두근거림을 느낄 수 있지만 단순히 착각해서는 안 된다. 이 응시는 당신도 회의에서 발언하라는 의사표시일지 모른다.

모두가 아이디어를 내고 격렬하게 토론하는 상황에서는 좋은 결론을 도출하기 위해 가능한 많은 의견을 모은다. 그러나 본래 말수가 없거나 긴장과 불안 때문에 사람들 앞에서 적극적으로 발언하지 못하는 사람이 있다.

그런 사람에게 당신의 의견도 듣고 싶다고 직접 말하면 오히려 위축되므로 이런 때는 시선으로 메시지를 보내는 편이 효과적이다. 사람은 자신에게 시선이 향하면 어떤 말을 해야 할 것 같은 기분을 느낀다.

그래서 상대를 지긋이 바라보는 행동은 발언을 요구하는 부드러운 행동이다. 이야기를 시작하면 시선은 다른 곳으로 향하는데 이 시선은 당신을 거북스럽게 만들려는 것이 아니다. 제대로 당신의 이야기를 귀 기울여 듣고 있으므로 걱정할 필요는 없다.

흥미를 느끼면
동공이 커진다

아무리 감추려고 해도 본심은 눈에 나타나기 마련이다. 특히 스스로 통제할 수 없는 동공은 신체 부위 중 가장 정직하다.

일반적으로 동공은 밝은 곳에서는 닫히고 어두운 곳에서는 열리지만 상황에 따라 밝은 곳에서도 열리는 경우가 있다.

눈앞에 흥미를 불러일으키거나 관심이 있는 물건이 있을 때 그렇다. 흥미가 생기는 물건을 보여 주면 자신도 의식하지 못한 사이 동공이 열리고 눈동자가 자연스럽게 빛난다.

그래서 겉으로는 상대방에게 유혹되거나 휩쓸린 것처럼 보이지 않게 먼저 눈동자의 움직임을 잘 살펴봐야 한다.

대화 중에 상대방의 동공이 열려 있다면 그 화제에 흥미가 있다는 뜻이다. 이를 곧바로 알아차리고 화제를 살려 이야기를 이어 가면 호감을 얻을 수 있다. 반대로 동공이 열려 있지 않다면 관심이 없다는 증거이므로 다른 화제로 바꿔야 한다.

연애도 마찬가지다. 만약 마음에 드는 사람이 당신을 볼 때 동공이 커져 있지 않다면 너무 큰 기대는 하지 않는 게 좋다.

눈을 마주칠 때는
가볍게 하라

다른 사람의 눈을 쳐다보는 행동에는 두 가지 상반되는 의
도가 있다. 호의를 표현하는 의도가 있는 반면 경쟁심이나 지
배욕이라는 공격적인 감정을 전달하는 의도도 있다.

필요 이상으로 지긋이 쳐다보면서 상대방에게 불리한 말을
하면 공격적 의사 표시로 받아들이고 자신 또한 그에 반박하
려는 준비를 한다.

상대의 눈을 마주치고 이야기하는 태도는 중요하지만 무조
건 응시하면 되는 것도 아니다. 틀린 점을 지적하거나 비판을
할 때 상대가 갑자기 감정적으로 반발하는 데는 시선의 사용
법에 문제가 있는지도 모른다.

이런 오해가 쉽게 생기는 경우에도 눈의 움직임을 잘 이용
하는 사람은 눈치가 빠른 사람이다. 가볍게 눈을 마주치고 지
속해서 쳐다보지 않는다. 이렇게 하면 공격적인 느낌은 많이
사라지기 때문이다.

눈을 쳐다보면서 인사하는 행동에
숨겨진 권력욕

눈을 마주치지 않고 인사하는 행동보다 눈을 마주하고 인사하는 행동이 상대의 기분을 좋게 한다. 눈을 전혀 마주치지 않고 말을 하는 사람은 무언가를 감추는 듯한 인상을 준다.

그래서 자신의 눈을 가만히 쳐다보면서 인사하는 사람에게 당당하고 성실한 사람이라는 느낌을 받지만 안심은 금물이다.

상대방의 눈을 가만히 쳐다보는 행동은 상대방보다 우위를 차지하고 싶은 욕망의 표현이기도 하다. 자신의 페이스에 따르도록 만들어서 주도권을 잡으려는 가능성도 전혀 부정할 수 없다.

그런 사람을 만났다면 자신도 확실하게 상대방의 눈을 마주 보면서 인사를 해야 한다. '서로 동등한 입장으로 시작합시다'라는 암묵적 의사 표현을 하기 위해서다.

그렇게 하면 대등한 입장으로 이야기를 진행할 수 있다. 여기서 먼저 눈을 피해 버리면 상대방의 우위를 인정하게 되므로 아무쪼록 주의해야 한다.

눈을 아래로 내려다볼 때
메시지를 읽어라

아름다운 여성이 잠시 동안 눈을 아래로 내리까는 모습을 보는 순간이 있다. 모르는 사람이 보면 아름다움에 멍하니 넋을 잃고 쳐다보지만 가까운 사이라면 절대로 놓쳐서는 안 될 일이다.

눈은 얼굴 중 인상을 남기는 데 가장 중요한 역할을 한다. 사람의 시선을 집중시키고 강한 인상을 남기며 다른 부분은 가리고 눈만 봐도 어떤 사람인지 짐작할 수 있다.

거짓말을 하거나 숨기는 일이 있을 경우, 사람은 눈을 내리까는 경향이 있다. 사실을 들킬지도 모른다는 생각이 눈의 움직임을 숨기려는 행동으로 이어지는 것이다.

그렇다고 해서 손으로 눈을 감추는 행동은 부자연스럽기 때문에 자연스럽게 상대의 시선을 피하기 위해 눈을 내리간다.

그 외에 상대를 바라보지 않거나 선글라스를 쓰기도 하고 얼굴 주위에 손을 두는 행동도 같은 심리가 작용한다. 만약 연인이 눈을 마주치지 않는다면 숨기고 싶은 사실이 있을지도 모른다.

반론할 때는
턱을 들어 올린다

눈은 감정을 주장하고 웅변하는 도구이기 때문에 눈을 보는 행동만으로 상대방의 기분이나 다음에 일어날 일을 예상할 수 있다. 지금까지 온화하게 이야기하던 상대방이 갑자기 턱을 들고 눈을 치뜨고 있다면 당신과 반대되는 의견이 있다는 뜻이다.

턱을 들어 올리면, 이야기하는 상대방의 머리 위를 향하는 자세가 된다. 이것은 개나 고양이가 싸움을 시작할 때 모습과 닮았다. 신체 중에서 가장 딱딱한 머리가 상대에게 향함으로써 상대방을 위협하고 동시에 '이 상태로 돌격한다'는 공격 의사를 나타내는 것이다.

인간도 마찬가지다. 상대방에게 반론을 하며 의견이 충돌할 것 같다는 생각이 들면 무의식적으로 위협이나 공격하는 자세를 취하게 된다. 위협이나 공격 의사가 있는 경우 턱을 올리고 눈은 상대방을 피하지 않는다. 그래서 자연스럽게 눈을 치뜨게 되는 것이다. 이야기하는 상대방이 그런 자세를 보이면 대비하는 편이 좋다. 반론에 대비한 의견을 준비하거나 같은 자세를 취해서 상대방에게 맞서는 방법도 좋다.

시선을 피할 때
남과 여는 어떻게 다를까?

사람과 이야기를 할 때는 시선이 마주치는 일이 자주 반복된다. 이를 심리학에서는 '시선 교차'라고 부른다. 그러나 같은 시선 교차라 해도 남성과 여성은 서로 의미가 다르다.

예를 들어 당신의 이야기를 듣고 상대방이 "좋은 아이디어라고 생각해"라고 말했다고 하자. 이때 당신과 확실하게 시선을 마주쳤다면 상대방은 찬성한다는 뜻이다. 그러나 미묘하게 시선을 피했다면 말과는 달리 부정적인 의견을 가지고 있을 가능성이 높다.

이 행동은 남성에게 자주 보이는 경향으로 본심과 말이 일치하지 않을 때, 남성은 무심결에 시선을 피한다.

한편 여성은 판단이 조금 어렵다. 여성은 본심을 감추기 위해 오히려 시선을 똑바로 맞추는 경우가 있다. 동공이 열리고 눈이 생기를 띠지 않는다면 마음은 아마 다른 곳에 있을지 모른다.

물론 내향적인 성격 때문에 시선을 맞추지 않는 사람도 있으므로 상대방을 잘 보고 판단해야 한다.

상대의 눈을 빤히 보는
사람의 속내

상대방의 눈을 보면서 대화를 하는 것이 기본 예의지만 '너무 눈을 응시하는 행동은 좋지 않다' '눈 조금 밑부분을 보는 편이 가장 적절하다'는 의견도 있다. 그만큼 사람은 다른 사람의 시선에 민감하다.

그렇지만 부자연스러울 정도로 상대방의 얼굴을 쳐다보면서 시선을 맞추려는 사람이 있다. 만약 이런 사람을 만난다면 주의해야 한다. 무리하게 시선을 맞추려는 사람은 어떻게든 신뢰를 사서 이익을 얻으려는 목적이 있다. 그래서 자신의 이야기가 얼마나 전달되는지 반응을 살피기 위해 얼굴을 내밀면서 쳐다본다. 좋게 말하면 열심히 듣고 있다 할 수 있지만 상대방을 구슬리려는 속셈도 볼 수 있다.

나쁘다는 것을 알면서도 다단계를 하는 사람들을 주변에서 자주 본다. 상대방의 행동을 무시하거나 불쾌감을 주면서 다단계를 권유하는 사람이 있다면 피해야 한다. 시선을 맞추는 의도를 파악하지 못하고 상대방이 속셈을 이루도록 그대로 있으면 자신에게 피해가 올 것이다.

상대를
내려다보는 이유

말투나 태도 모두 부드럽고 나의 이야기도 잘 들어준다. 그런데도 상대방에게 압도되는 듯한 기분이 들거나 위화감이 생기는 것은 왜일까.

이러한 위화감은 상대방이 당신을 내려다보는 듯한 자세를 취하고 있기 때문은 아닌지 살펴보아라. 서로 마주보고 이야기할 때 상대방의 시선 위치는 위에서 내려다보거나, 수평이 되거나, 밑에서 올려다보는 위치로 크게 세 가지로 나눌 수 있다.

이 세 타입 중에 상대방의 힘이나 권력을 가장 많이 느끼게 하는 타입은 높은 위치에서 아래로 내려 보는 시선의 사람이다. 이런 시선으로 타인을 보는 사람은 상대방보다 우위를 차지하고 싶은 욕구가 있거나 상대방을 지배하고 싶은 타입일지도 모른다.

예를 들어 협상할 때 자신에게 유리한 방향으로 이끌고 싶거나 조금이라도 손해를 보지 않고 이익을 얻으려는 목적이 있을 것이다.

신장의 차이로 시선의 위치는 달라진다. 그렇지만 앉아 있는 동안에는 신장의 차이는 그다지 나지 않기 때문에 그만큼 시선의 위치가 달라지는 일은 없다.

대화 도중에 상대방이 갑작스럽게 허리를 펴면서 내려다본 다면 분위기를 자신에게 유리한 쪽으로 바꾸고자 하는 의도가 아닌지 의심해 보자.

좀처럼 시선을
맞추지 않는 이유

사람과 친해지고 싶어 하지만 좀처럼 마음을 열고 커뮤니케이션을 하지 않는 내성적인 사람이 있다. 이런 사람은 눈을 치뜨고 상대방을 쳐다보거나 반대로 시선도 맞추지 않으려고 한다.

이 모습만 보고 그들이 사람과 친해지고 싶지 않거나 주위 사람을 멀리한다고 생각한다면 섣부른 판단이다. 그들은 자신감이 없어서 정면에서 상대방의 시선을 맞추지 못할 뿐이다. 원래 밑에서 위를 올려다보는 시선은 상대의 우위를 인정한다는 복종의 의미가 포함되어 있다.

그들은 상대의 기분을 망치고 싶지 않고 커뮤니케이션에 실패하고 싶지 않다는 생각 때문에 시선을 똑바로 맞추는 일을 주저한다. 결코 싫어서 눈을 마주치지 않으려는 것이 아니다.

이런 타입의 사람에게는 아래로 내려 보는 듯한 시선으로 대해서는 안 된다. 그렇게 하면 한층 더 위축되는 결과를 만든다.

시선에 높이를 맞추고 부드럽게 이야기를 이어 가는 것이 중요하며 이렇게 하면 그들도 점점 마음을 연다. 또한 여성이 사적인 자리에서 눈을 치뜨는 행동을 보이면 어리광을 부리고 싶어 하는 표현이니 참고하자.

주위를 살피는 사람의
이야기를 경계하라

같이 있는 사람이 주위를 두리번거리고 초조해하며 시선을 한곳에 집중하지 못한다면 상대방은 그다지 좋은 기분이 들지 않는다.

만약 그 사람이 연인이라면 불쾌함마저 든다. 이런 사람의 말은 주의를 기울여 들어야 한다. 사람은 진실성 있게 대화할 때는 자연스럽게 적절한 시기와 속도로 눈을 마주치지만 그렇지 않은 경우에는 불안 때문에 눈의 움직임이 불필요하게 늘어난다. 상대의 얼굴에 시선을 두는 빈도도 낮아진다. 또 자신의 이야기에 신경을 쓰고 있는 경우가 많기 때문에 상대의 이야기는 거의 신경 쓰지 않고 머릿속에 들어오지도 않는다.

기분 좋게 대답을 들었다고 생각되어도 그가 시선을 두리번거린다면 머릿속은 다른 공상을 하고 있을 가능성이 높다. 재미있는 화제를 찾고 있을지도 모르지만 이는 사회인으로서의 매너가 부족한 행동이 틀림없다.

따라서 이런 사람은 너무 신용하지 않는 편이 좋다.

상대의 눈을 보고
협상하라

협상에는 흥정이 오가기 마련이지만 이야기가 잘 풀리지 않을 때는 상대방의 의중이 궁금해지고 '아무래도 이 담당자는 거짓말하는 것 같아'라고 느낄지 모른다.

이런 때는 상대방의 눈을 잘 살펴보는 것이 좋다. 눈은 입만큼 많은 말을 한다. 특히 큰 결단을 내려야 하는 순간, 눈은 정직하게 움직인다. 어느 방향으로 움직이는지 놓치지 않는다면 그 사람의 본심을 꿰뚫어 볼 수 있다.

예를 들어 거래 금액을 제시했을 때 입으로는 "적당한 금액이네요"라고 말하고 있어도 그 전에 눈을 옆으로 움직였다면 마음속으로는 거부의 의사임을 눈치채야 한다. '검은자위의 움직임으로 들여다보는 심리'에서 언급한대로 눈을 좌우로 움직이는 것은 '거부'의 뜻이다.

중요한 협상에서 자신에게 유리한 방향으로 이끌기 위해서는 상대방의 기분이 긍정적인지 부정적인지 기본적인 감정에 대한 판단은 틀리지 않도록 해야 한다.

그러기 위해서 확인해야 할 사항 중 하나가 '눈을 옆으로 움직이는지 아닌지'이다.

눈으로 이야기하는
사람을 주의하라

눈과 눈으로 하는 의사소통을 '눈맞춤'이라고 하는데 이것은 상황과 관계에 따라 의미가 달라진다.

예를 들어 남녀 사이라면 사랑을 주고받는 커뮤니케이션 중 하나이고 스포츠에서는 의기투합한 팀플레이에 없어서는 안 될 사인이다.

그러면 사랑하는 연인도 아니고 팀플레이를 하는 동료도 아닌 사람이 하는 눈맞춤은 어떻게 받아들여야 할까. 물론 쌍방의 관계나 그때의 상황 따라 다르지만 굳이 충고를 한다면 '이런 상대방은 조심해라'고 말하고 싶다.

눈맞춤이 익숙한 서양인이라면 상관없지만 동양인의 눈맞춤은 눈으로 의사소통하는 데 능숙한 전략가의 기술이다.

다른 사람에게 들키지 않도록 '이 건 잘 부탁드립니다' '여기는 나한테 맡겨'라고 눈으로 사인을 보내는 것이다. 어떻게 보면 신뢰할 수 있는 눈빛처럼 느껴지지만 말로 표현하지 않고 눈빛을 보내는 이유는 공연하게 말할 수 없는 내용이라는 증거다. 결국에는 배신하거나 적과 내통할 가능성도 충분히 있기 때문에 경계해야 한다.

시선의 위치로
알 수 있는 지배욕

어느 연구에 따르면 상대방의 시선이 향하는 위치를 크게 3개 영역으로 나누면 관계를 일정한 형태로 분류하는 작업이 가능하다고 한다.

먼저 상반신에서 얼굴 전체에 걸쳐 시선을 두는 행동은 상대방을 자세히 알려는 심리가 표현된 것이다. 특히 초면일 때는 상대방을 말똥말똥 쳐다보는데 이는 상대에게 흥미가 있고 알고 싶은 심리로 자연스러운 표현이다.

다음으로 상대방이 이마 중앙 부분과 양쪽 눈을 정점으로 하는 삼각형 부분에 시선을 두고 대화를 한다면 지배와 복종이라는 관계를 만들려는 것이다. 이 삼각형을 '권력존'이라고 하며 이 권력존에 계속 시선을 주면 상대방은 강한 긴장감을 느낀다.

또는 두 눈과 입을 중점으로 한 삼각형 부분에 시선을 둔 경우에는 상대방을 상당히 편안하게 여기는 상태다. 이 삼각형을 '사회존'이라 하며 친한 사이에서 상대방의 기분을 이해하려는 의욕을 나타낸다.

2

얼굴에 숨겨진
심리학

잊은 것을 떠올리려고
노력할 때 하는 동작들

영화 장면을 설명할 때 배우의 얼굴은 뚜렷이 기억나지만 이름이 전혀 기억나지 않는 경우가 있다. 이럴 때 자주 하는 행동이 고개를 들어 올리는 것이다. 왜 이런 동작을 취하는 것일까? 사람은 집중해서 생각해야 할 일이 있을 때 눈을 감는 경향이 있으며, 하늘을 올려다보는 행동도 같은 맥락에서 이해할 수 있다.

얼굴을 위로 향하는 행동은 이야기를 하는 상대방과 시선이 마주치지 않기 위해서이며 시선을 쓸데없는 곳에 두지 않기 위해서이다. 이렇게 해서 의식을 집중하고 기억을 되찾으려고 하는 것이다.

눈을 살짝 감았다 뜨거나 밑으로 향하는 행동은 갑자기 얼굴을 위로 들면 눈앞에 있는 상대방에게 실례가 되기 때문에 배려 있게 행동하는 것이다.

만약 상대방이 의자 등받이에 몸을 심하게 젖히는 자세를 취한다면 생각하기 위해 고심한다는 뜻이다. 이런 때는 의견을 조급하게 독촉하지 말고 충분히 생각할 시간을 주는 것이 좋다.

고개를 끄덕이는
행동의 여러 가지 의미

연인이나 혹은 친구가 고개를 끄덕이면서 이야기를 듣는다면 서로 간의 친밀감이 한층 더 깊어진다. 고개를 끄덕이는 행동은 '당신을 인정한다'는 사인이기도 하지만 고개를 끄덕이는 모습에도 여러 종류가 있으며 각각의 모습은 저마다 다른 의미를 가진다.

예를 들어 재빠르게 고개를 끄덕인다면 이야기가 끝나기를 독촉하고 있다는 뜻이고 고개를 크게 흔들면서 끄덕인다면 상대방의 기분을 이해하며 이야기를 자세히 듣고 있다는 뜻이다.

횟수는 적지만 매번 크게 고개를 끄덕이는 경우는 어떨까. 부자연스러운 행동은 아니지만 의도적으로 이런 행동을 하는 상대방에게는 주의가 필요하다. 이야기의 주도권을 잡고 우위에 서고 싶은 생각을 할지도 모르기 때문이다.

고개를 끄덕이는 행동이 적으면 말하는 사람은 불안해지고 인정받고 싶은 기분이 강하게 생기지만 이렇게 긴장했을 때 상대방이 크게 고개를 끄덕이면 훨씬 큰 안정감을 얻을 수 있다. 결국 상대방의 의도대로 움직이게 된다.

긴장과 완화를 능숙하게 사용하면 다른 사람을 쉽게 움직일 수 있다. 반대로 이를 이용할 수도 있으니 고개를 끄덕이는 상대방에게 끌려다니지 않도록 조심하자.

상대방이 갑자기
무표정을 한다면?

눈을 크게 뜨거나 눈썹을 올리는 등 이야기 내용에 따라 의식하지 못하는 사이 표정은 변하기 마련이다. 만일 상대방이 갑자기 무표정한 얼굴을 한다면 기분이 나빠진 건 아닌지 걱정할 수 있다. 그러나 이 행동은 지배력을 드러내기 위한 표현이다. 인간의 뇌는 무의식 속에 상대방의 표정을 읽어 내는 능력이 있다. 자신이 환영받고 있는지 환영받지 못하는지를 금방 느낀다. 그래서 상대방이 무표정한 모습을 한다면 거부당한다고 느끼고 난처해한다. 또한 무표정하기 때문에 상대의 생각을 읽지 못해 불안감은 점점 더 커진다.

이런 상황이 되면 자신의 생각이나 주장은 안으로 움츠러들어 아무 말도 할 수 없다. 따라서 인위적으로 무표정을 지어 자신이 우위에 서려는 의도가 숨겨져 있다.

예를 들어 계속 푸념을 하는 도중에 친구가 무표정한 모습을 보인다면 재빨리 화제를 바꾸게 된다. 대화가 지루해진다는 무언의 압박을 보내는 것임을 알기 때문이다. 무표정이라는 수단을 사용하는 사람은 얼굴에 감정을 나타내기 쉬운 여성보다도 남성 쪽이 훨씬 많이 사용하는 경향이 있다.

무거운 분위기에도
크게 웃는 사람은 왜일까?

사람은 즐거운 일뿐만 아니라 부끄럽거나 어색한 때도 감정을 감추기 위해 웃는다. 혹은 슬픔을 참고 눈물을 흘리지 않기 위해 무리하게 웃을 때도 있다. 이렇게 웃는 행동에는 아주 복잡한 의미가 있다.

그런데 무거운 분위기가 흘러 정적을 깨기 힘든 상황에서 크게 '하하하' 웃으며 시선을 모으는 사람이 있다. 그런 사람을 두고 분위기를 못 읽거나 눈치가 없거나 무신경하다고 생각해서 색안경을 끼고 봐서는 안 된다.

그 사람은 결코 분위기를 파악하지 못하는 사람이 아니고 오히려 신경을 많이 쓰기 때문에 분위기를 바꾸려고 짐짓 크게 웃은 것이다.

브라질 상파울루 대학교의 사라 박사는 입꼬리만 웃는 사람보다 큰 소리를 내면서 웃는 사람이 사람들과의 관계가 원만하다고 한다. 게다가 사람을 움직이는 능력이 뛰어나서 리더로서도 자질이 있다고 한다. 이런 사람은 세심한 보조 역할도 잘하므로 함께 일을 하더라도 안심하고 일을 맡길 수 있다.

기계적으로 고개를 끄덕이면
지루하다는 뜻

이야기할 때 자주 고개를 끄덕여 주고 맞장구치는 여성을 보면 서로 공감할 수 있는 부분이 많다고 느낄 수 있다.

확실히 고개를 끄덕이는 행동은 긍정을 뜻하는 경우가 많다. 하지만 때로는 기계적으로 하는 행동도 많다. 자연스러운 반응인지 기계적으로 하는 행동인지 구분하는 요령은 고개를 끄덕이는 타이밍에 있다.

예를 들어 고객에게 신상품 제안을 한다고 하자. 이때 상대방이 이야기의 맥락과 전혀 관계없는 순간에 고개를 끄덕였다면 당신의 이야기에 전혀 관심이 없으므로 더 이상 협상 진행은 하지 않는 편이 좋다. 상대방은 당신의 제안에 흥미가 없거나 혹은 다음 약속이 있어 어느 쪽이든 빨리 결론을 내고 싶어 하는 것이다. 그렇다고 너무 노골적으로 지루해하는 표현은 하지 않는다. 본심을 드러내지 않도록 이야기를 잘 듣고 있는 것처럼 연기를 할 뿐이다.

이럴 때는 다른 제안으로 화제를 돌리거나 이야기를 빨리 마무리하는 편이 좋다. 오랜 시간 동안 협상을 이어 가도 좋은 결과를 내기는 힘들다.

진짜 웃음과 가짜 웃음을
구분하는 법

윗사람이 재미없는 농담을 하면 아무리 지겨워도 일단은 웃는 사람이 많다. 억지웃음은 상대방에게 불쾌감을 주지 않기 위한 일종의 예의 차리기다.

따라서 웃는 얼굴을 보면 상대방이 진심으로 웃고 있는지 아니면 예의 차리기인지 의심이 들 때가 있다. 그 웃음이 진짜인지 아닌지를 구분하려면 상대방의 볼에 주목하면 된다. 정말로 재미있어서 웃는 경우에는 볼의 골격이 올라간다. 볼에서 입 주변에 있는 대협골근 혹은 표정근이라 부르는 근육이 있는데 이 근육은 웃을 때 수축하므로 입꼬리가 올라가고 볼도 따라서 부풀어 오른다.

정말 재미있어서 웃고 있을 때만 대협골근이 움직인다. 또 눈이 작아지고 눈꼬리에 주름이 잡힌다면 이 또한 즐겁게 웃고 있을 때 짓는 진짜 웃음이다.

대협골근을 의식적으로 움직이는 일은 가능하지만 눈 주위의 안륜근은 통제할 수 없다. 따라서 대협골근과 눈 주위 양쪽을 모두 확인하면 억지웃음인지 아닌지 알 수 있다.

표정 변화가 적은
사람의 특징

기분에 따라 사람의 표정은 다양하게 변화한다. 상대방이 즐거워하는지 화를 내는지 표정을 보면 어느 정도 추측할 수 있다. 그런데 때로는 놀라울 만큼 표정에 변화가 없는 사람이 있다. 이런 타입의 사람은 무슨 생각을 하는지 구체적으로 알 수는 없지만 어떤 성격인지 추측할 수 있다.

미국의 하이디 리지오라는 학자는 오랜 연구 끝에 표정의 변화가 적은 사람은 신경질적 타입이 많다고 밝혔다.

이런 타입은 희로애락의 감정을 속으로 억누르는 경우가 많다. 많은 스트레스나 울분이 있어도 발산하지 못하고 살기 때문에 늘 신경이 예민하고 날카롭다.

희로애락에 대한 감성도 둔하기 때문에 어떻게 대응해야 상대방에게 불쾌한 기분이 들지 않는지를 모른다. 정작 자신은 작은 일에 쉽게 기분이 상하고 사람을 사귀는 일도 힘들다. 이런 타입의 사람과 사귈 때는 예민한 성격을 건드리지 않도록 주의해야 하며 본인이 이런 사람이라면 친구나 연인은 표정이 풍부한 사람으로 만나기를 권한다.

생각하는 사람의
고개를 보아라

상대가 무엇인가 곰곰이 생각한다면 그의 머리를 신경 써서 봐야 한다. 깊은 생각에 빠져 있을 때 사람들은 자주 머리를 움직인다. 무의미한 움직임처럼 여길지 모르지만 머리가 오른쪽으로 향하는지 왼쪽을 향하는지에 따라 큰 차이가 있다. 만약 상대방이 왼쪽을 향해 있다면 사교적이고 개방적인 성격일 가능성이 높다.

그 이유는 뇌의 움직임과 관련이 있다. 평소에 우뇌를 사용하는 사람일수록 왼쪽을 향하는 경향이 강한데 우뇌는 감성이나 상상력을 담당하고 있으므로 다른 사람의 감성을 잘 읽고 공감하는 능력으로 이어진다. 한편 오른쪽으로 향하는 사람은 좌뇌가 발달했으며 다소 소극적이고 인간관계에는 이성적 모습을 보이지만 숫자나 계산에 강하고 어떤 일이든 현실적으로 대처하는 타입이다. 어느 쪽이 더 좋다고 말할 수는 없다.

한편 오른쪽으로 보며 자주 눈물을 흘리는 사람은 거짓말을 할 가능성이 있다. 또한 위아래 방향에 따라 성격을 알 수 있다. 위를 보며 생각하는 사람은 밝은 성격이며 밑을 보면서 생각하는 사람은 쉽게 우울해지는 성격일 가능성이 높다.

화장으로
파악하는 심리

　여성은 다양한 화장법과 도구로 아름답게 꾸민다. 그래서 '화장을 지우고 민낯인 그녀의 얼굴이 누구인지 모르겠다'는 농담도 있을 정도로 아이섀도, 마스카라, 립스틱 등 여성은 다양한 색과 기술로 얼굴을 아름답게 만든다.

　화장은 본래의 얼굴보다 아름답게 보이도록 만드는 방법 중 하나이지만 다른 한편으로는 민낯을 감추기 위한 역할도 한다. 이런 화장법으로 여성의 심리도 알 수 있다.

　사람은 자신의 약점이나 보이고 싶지 않는 부분을 감추고 싶어 한다. 그 부분은 특히 더 신경 써서 화장을 한다.

　예를 들어 눈 화장을 다른 곳보다 짙게 했다면 눈에 자신감이 없어서 좀 더 큰 눈을 만들고 싶은 욕망이 있다. 하지만 입술이나 볼은 조금 다르게 해석이 된다. 심리학적으로 보면 이 부위들은 성적인 상징이 있어서 입술이나 볼을 새빨갛게 강조하는 여성은 성적으로 어필을 하는 것이다.

　물론 모든 여성이 이 패턴에 들어맞는 것은 아니므로 오해 없도록 주의하자.

눈썹 위치로
보는 심리

자주 양쪽 눈썹을 동시에 끌어 올리는 여성의 얼굴은 남성의 보호 본능을 일으킨다. 이 표정에는 남성의 호르몬을 분비시키고 지켜 주고 싶다는 생각을 강하게 갖게 하는 효과가 있다고 한다.

게다가 양쪽 모두 올라간 눈썹은 '당신을 위협할 생각이 전혀 없습니다' '복종합니다'라는 의미도 있다. 이는 여성에게만 한정된 이야기가 아니라 남성에게도 똑같이 적용된다.

이에 반해 눈썹을 한쪽만 올리면 전혀 다르게 해석할 수 있다. 좌우의 눈썹 높이가 현저하게 차이가 나는 표정은 상대방을 의심할 때 보이는 표정이다. 양쪽 눈썹을 올리는 것과 반대로 '부정적' 감정을 드러내는 의미로 보는 것이 눈썹을 중앙으로 모으는 경우이다. 이때는 미간에 주름이 생기기 마련이어서 근심이 있음을 드러낸다. 또 양쪽 눈썹을 올리면서 중앙으로 모으는 표정도 큰 근심이나 걱정이 있음을 드러낸다.

슬픔을 참을 때는
입 주위에 주름이 생긴다

입 주위에 힘을 주고 입술을 모으면 턱 부분이 올라가면서 주름이 생긴다.

슬픔이나 괴로움을 참을 때도 자연스럽게 턱에 주름이 생기기 마련이다. 이런 주름이 생긴 사람을 보면 위로해 주고 싶은 마음이 든다.

마찬가지로 아랫입술을 들어 올리면서 양쪽 입꼬리가 내려가면 그 슬픔은 더 커 보인다. 불쾌함을 느꼈을 때도 입꼬리는 내려가지만 주름까지 나타나면 슬픔이 어린 표정으로 보인다.

또 미간이 팔자 모양이 되거나 눈 밑에 주름이 생기는 것도 슬픔을 드러내는 표정이다. 때로는 입술이 떨리는 경우도 있다. 너무 슬픔이 깊어지면 표정을 나타내는 근육을 움직일 힘도 없어지고 볼이 푹 들어간 모습의 비통한 표정을 만들어 낸다.

눈물을 흘리지 않고 슬픔을 꾹 참는 사람은 마음속으로 생각하고 있는 바를 주위에 알리려고 하지 않는다. 그렇지만 턱의 주름과 입꼬리에서 참고 있는 슬픔이 보이는 것이다.

연인이 인상을 찌푸리는 것이
적신호일까

현재 편안한 연인 사이도 처음 만났을 때는 어색하고 긴장됐을 것이다. 서로를 알지 못해 불안하거나 긴장돼서 경직된 자세로 인사하거나 굳은 얼굴로 대화를 나눴을 터다. 그러다 시간이 지나며 어색함은 사라지고 편안한 표정으로 바뀐 것이다.

그런데 사이가 좋다고 생각하던 상대방이 갑자기 인상을 찌푸리거나 불쾌한 얼굴을 한다면 '나를 싫어하나' 하고 불안해질 수 있다. 그러나 전혀 그런 걱정을 할 필요가 없다. 편한 연인 사이에서 불쾌한 얼굴은 거절의 사인이 아니라 상대방이 편안하기 때문에 마음을 허락한다는 뜻이다.

잘 모르는 상대방이나 친하지 않는 사람과는 문제가 생기지 않도록 무난하게 대화한다. 짐짓 미소를 짓거나 예의를 차린다. 가령 불쾌한 내용을 들었다고 해도 노골적으로 표정에 드러내지 않는다.

그렇지만 사이가 돈독해질수록 마음속에 있던 이야기를 자주 하고 때로는 싸움도 생긴다. 이런 경우는 본심을 드러내도 상대방이 받아 준다고 생각하기 때문에 불쾌한 얼굴을 보이는 것이다. 불쾌한 얼굴은 서로 어색함이 없는 사이라는 증거다.

남성이
수염을 기르는 이유

최근에 많은 남성들도 피부 마사지를 받고 있다. 이 사실은 매끈한 피부를 갖고 싶어 하는 욕망이 여성의 전유물이 아님을 말한다. 설마 그렇게까지 할까 의심하는 남성들도 누구나 아침에 면도 정도는 한다.

그러나 그중에는 콧수염이나 턱수염을 기르는 남성들도 있다. 이들이 수염을 기르는 이유는 무엇일까. 턱수염은 위엄이나 힘, 남성성을 어필하는 효과가 있다. 그래서 주위에 강인함을 드러내고 믿음을 주기도 쉽다.

좋은 예가 전 미국 대통령 링컨이다. 그는 멋있는 턱수염을 기른 덕분에 위엄이 높아지고 선거에서도 대승을 거뒀다는 후문이 있다.

그러나 턱수염이 있는 사람은 남성스럽기보다 반대의 경우가 많다. 소심한 자신에게 애정이 없거나 자신감이 없어, 수염을 보고 카리스마 있고 신뢰할 수 있는 사람으로 생각해 주기 바라는 마음이 크다.

한편 콧수염을 기르는 사람은 턱수염과 다른 심리가 존재한다. 콧수염 손질에 부지런한 사람은 이상적인 자신을 연출하는 나르시시스트 경향이 있다.

만일 면도하기 귀찮아서 수염을 기르는 사람들에게는 별다른 심리적 이유가 없음은 말할 것도 없다.

눈썹의 진하기와 성격은
관련이 있을까

　원래 눈썹은 땀이나 먼지가 눈에 들어가지 않도록 하고 눈으로 들어오는 반사광을 어느 정도 막는 역할을 한다. 외적으로 가장 큰 역할은 감정이나 표정을 나타내는 데 중요한 요소가 된다. 어린 시절, 눈썹꼬리가 올라간 엄마의 얼굴을 보는 순간 '화가 났다'고 느끼고 무엇을 잘못했는지 불안해하며 어깨를 움츠린 기억은 누구나 있다. 또 늘 미간에 주름이 있는 사람은 신경질적 인상을 준다.

　그렇다면 눈썹의 진하기는 성격과 관련이 있을까. 일반적으로 눈썹이 짙은 사람은 마음이 따뜻하고 눈썹이 옅은 사람은 냉혹하다는 인상을 준다. 사람은 눈썹의 움직임을 읽고 표정을 판단하기 때문이다. 눈썹이 옅으면 그 움직임을 쉽게 알 수 없어 무슨 일이 생겨도 마음이 동요하지 않는 차가운 사람처럼 보이기 십상이다.

　눈썹을 전부 민 사람이 무섭게 보이는 이유도 감정의 움직임을 알 수 없기 때문이다. 털의 진하기는 개인차가 있기 때문에 성격이 어떻다고 말할 수는 없지만 눈썹의 움직임이 적으면 감정이 풍부해 보이지 않는다.

여성의 미묘한 사인을
알아채는 비결

여성에게 가까이 다가가기는 무척이나 어렵다. 모처럼 좋은 분위기를 만들었는데도 갑작스럽게 그녀의 태도가 바뀌어 어리둥절해지기도 한다. 이는 그녀가 보내는 사인을 잘못 판단했을 가능성이 있다. 그녀가 의미심장한 행동을 보여도 긍정적으로 대답하지 않고 유혹하고 있다는 사실도 눈치채지 못하는 경우가 그렇다.

좋은 관계를 위해서 '유혹'이라는 사인만은 알아주기를 바라는데 여성은 그 의도를 남성에게 목을 보여 주는 행동으로 말한다. 목을 비스듬히 하거나 목을 돌리고 턱을 조금 올리는 행동이 여기에 해당된다. 때때로 목에 손이나 손가락을 올리는 경우도 있다.

이 행동은 남성의 시선을 끄는 동시에 가냘픈 이미지를 강조할 수 있는 동작이다.

목은 우리 신체 중에서도 가장 약한 부분이다. 약한 부분을 무방비로 노출하는 행동은 '당신을 믿고 있기 때문에 나의 약한 부분을 보여 준다'는 의미를 내포하고 있다. 이런 미묘한 여심을 놓치지 않도록 한다.

3

표정으로 읽는
심리학

귀의 생김새로
보는 성격

귓불이 두꺼워서 아래로 처져 있는 귀를 '복스러운 귀'로 여기며 돈이나 행운이 많이 들어온다고 하지만 아예 근거 없는 소리는 아니다.

귀가 큰 사람은 실제로도 출세하는 경향이 있는데 주위의 이야기에 귀를 기울이는 사람이 많고 다른 사람의 충고를 충분히 받아들여서 자신의 성장에 도움이 되도록 한다. 협조를 잘하고 다른 사람의 의견을 받아들여 주위를 조화롭게 이끌수 있다. 조직이나 집단에서도 높은 위치에 올라 출세할 가능성도 높다.

귀가 작은 사람은 그다지 주위에서 하는 말을 잘 듣지 않는 경향이 있다. 좋게 말하면 자신의 방식과 세계관이 있지만 다른 말로 바꾸면 독선적이며 다른 사람의 의견을 듣지 않고 원하는 방식을 강하게 밀고 나가는 점이 있다.

예술가처럼 창조적인 일을 할 때 크게 성공하는 사람도 있지만 회사나 조직 속에서는 자기 마음대로 업무를 처리하기 때문에 다른 사람들이 감당하기 힘든 타입일 수 있다.

코의 높낮이로
보는 성격

멋지고 능력이 좋지만 그보다 자신감이 넘치는 사람을 '콧대 높은 사람'이라고 하는데 실제로 코가 높은 사람은 자존심이 강하며 스스로에게 자신감이 넘치는 사람이 많다. 사람들과 만나거나 교제하는 일도 적극적이며 교우관계도 넓다.

회사에서도 주위 사람들을 카리스마 있게 이끄는 리더십이 있는 사람은 콧대가 높은 경향이 있다. 자존심을 무리하게 내세우지 않는다면 훌륭한 리더로서의 활약도 기대할 수 있다. 그러나 실패하고 자존심이 꺾이는 상황이 닥치면 좀처럼 다시 일어날 수 없는 약한 면도 함께 있기 때문에 주의를 요한다.

한편 콧대가 낮은 사람은 주위 사람들에게 겸손하며 겸허한 사람이 많다. 콧대가 높은 사람처럼 강렬한 리더십은 없어도 온화하게 주위를 감싸 줄 수 있는 사람이다. 그다지 자기주장을 하는 일도 없어서 개성이 없고 자립심이 없어 보이지만 일을 꾸준히 성실하게 해 나가는 타입이므로 잘 살펴보면 주변 사람들로부터 높은 신뢰를 받고 있다. 실패해도 착실하게 처음부터 다시 노력하는 끈기가 있기 때문에 굳이 이야기하자면 콧대가 낮은 사람이 더 강하다고 할 수 있다.

표정이 쉽게 변하는 사람을
조심하라

서양인이 보면 동양인은 어떤 생각을 하고 있는지 알기 어렵다. 서양인처럼 감정을 그대로 드러내거나 크게 표출하지도 않으며 주장을 직접적으로 내세우지도 않는다. 특히 감정을 잘 드러내지 않는 무표정한 포커페이스는 가까이하기 힘들 것이다.

그렇다고 해서 희로애락을 모두 밖으로 표출하는 사람이 정직한 사람이라고 할 수 없다. 여러 표정을 짓는 연예인처럼 표정이 쉽게 변하는 사람은 오히려 주의를 기울여야 한다.

사회생활은 다른 사람에 대한 배려나 협조가 필요하며 감정을 그대로 드러내기보다 속으로 감추는 행동도 필요하다.

기쁨, 슬픔, 분노 모두 얼굴로 드러나는 사람은 알기 쉬운 반면 감정을 감출 줄 모르는 사람이다. 예를 들어 싫어하는 사람이 불행한 일을 당했을 때 미소를 짓거나 "내가 기뻐하는 일이 왜 나빠?"라며 천연덕스럽게 말한다. 속을 알 수 없는 포커페이스도 가까이하기 어렵지만 감정을 감출 줄 모르고 여러 표정을 드러내는 사람도 마찬가지다.

이런 사람에게 일일이 반응하다 보면 금방 피곤해지기 때문에 가볍게 흘려버려야 한다.

앞머리 상태로
알 수 있는 심리

앞머리를 내렸는지 올렸는지에 따라 인상이 크게 바뀐다. 그래서 앞머리를 올리고 내리는 것만으로도 그 사람의 성격이나 심리를 알 수 있다.

먼저 앞머리를 깔끔하게 올려서 이마를 드러내는 사람은 밝고 활발한 성격으로 사람들과의 관계도 능숙하게 이어 가는 사람이 많다.

자신감도 있어서 주눅이 드는 일도 없으며 주위 사람들에게 적극적으로 자신을 드러낸다. 실제로 활발한 세일즈맨 중에서는 단발을 하거나 헤어 제품으로 앞머리를 올려서 이마를 확실히 보이게 하는 사람이 많다. 여성도 앞머리를 늘어트리지 않고 올리는 사람은 자신의 외모에 자신감이 있고 내면에도 자부심이 있어 일과 사생활에 적극적인 경향이 있다.

반대로 앞머리를 내린 사람은 자신감이 없어서 쉽게 주눅드는 경우가 많다. 앞머리를 내려서 자신을 감추고 다른 사람들과의 사이에 벽을 만들어 사람들 앞에서는 자신을 보이지 않으려고 한다.

상대의 입 모양을 보고
협상하라

업무 중 협상을 할 때는 별로 내키지 않는 일이라도 우선은 의욕을 보이는 태도가 신용을 얻을 수 있다. 표정이 저절로 굳어 있거나 긴장하더라도 입 모양은 신경을 써야 한다. 살짝 입 모양이 달라져도 속마음이 훤히 드러나 보이기 때문이다. 가령 입을 앞으로 모으는 사람은 지금 긴장하고 있음을 선언하는 것과 마찬가지다.

사람은 상대방이 자신보다 위치가 더 높거나 스스로에게 자신감이 없어지면 무심코 입을 다물고 마는 습관이 있다. 입꼬리가 내려간 입 모양을 하고 있을 때도 있다.

이것을 알아차리는지 아닌지에 따라 앞으로의 전개가 달라진다. 상대방의 입 모양이 굳어지기 시작하면 그 시점부터 당신이 우위를 차지한다는 의미다. 이와 같이 모두 긴장하는 분위기 속에서도 여유로운 미소를 만드는 자세가 중요하다.

협상에서는 여유 있는 지점에 있어야 승리를 얻을 수 있다. 상대방이 아직 긴장을 풀지 못하는 동안 유리하게 일을 진행할 수 있을 것이다.

상대가 코와 입을 만지면
주의하라

말로는 어떻게든 결점을 숨길 수 있지만 신체는 그때의 마음 상태를 정직하게 드러낸다. 예를 들어 전술한 것처럼 이야기를 하면서 빈번하게 손을 입언저리에 대는 동작을 한다면 그 사람은 거짓말을 하고 있을지 모른다.

거짓말을 하는 행동은 떳떳하지 못한 일이기 때문에 거짓말을 하는 사람은 무의식적으로 입을 감추려고 한다. 손바닥 전체로 입을 덮는 경우도 있지만 주먹을 입에 대는 사람도 있다. 손으로 코를 만지는 사람도 마찬가지로 입 주위를 감추기 위한 행동으로 거짓말을 하면 혈압이 상승해서 콧속이 근질근질하기 때문이라고 한다.

그 외에도 눈썹을 만지거나 눈을 비비는 등 얼굴에 손을 대는 동작이 늘어나면 주의가 필요하다. 이 모든 동작은 동요하는 표정을 어떻게든 감추려는 심리를 표현한다.

또 자신의 신체를 만지는 행동은 불안을 달래는 효과가 있다. 얼굴을 만지는 행동도 거짓말하는 스스로에게 안정감을 주기 위해 하는 것이다. 상대방이 이런 태도를 보이면 한 걸음 물러서서 이야기를 듣는 편이 좋다.

상대를 떠볼 때는
입술을 확인하라

입을 단단히 다물고 있으면 늠름해 보이거나 자기주장이 강해 보이는 인상을 주는 경우가 많다. 결코 부정적이거나 마이너스 이미지는 아니다. 그런데 이야기 도중에 상대방의 입술이 갑자기 일자로 변했다면 앞의 성격과는 다른 심리가 숨겨져 있다.

부끄러움을 느끼거나 거북한 생각을 하는 것이다. 어느 누구도 어색한 상황을 맞이하고 싶지는 않다. 그런 상황에서는 저절로 경직되어 이 심리가 입술에 나타난다. 게다가 입술과 동시에 손의 움직임도 적어지는 경향이 있기 때문에 유심히 살펴보기 바란다.

만약 당신이 상대방의 바람을 의심한다면 속을 떠보는 듯한 질문을 해서 상대방의 입술이나 손의 움직임을 확인하는 방법도 좋다. 입술을 꼭 다물고 있다면 당신에게 말할 수 없는 비밀을 가지고 있을지도 모른다. 물론 자신의 비밀을 지키고 싶어 하는 경우에도 이 동작에 유의해야 한다. 비밀을 지키고 싶어 하지만 부정적인 감정은 생각대로 감추어지지 않고 동작으로 나타나기 때문이다.

좋은 인상을 주려면
입술에도 신경을 써라

　단정하게 몸단장을 하는 일은 사회생활을 하는 사람이라면 당연한 예의이다. 그러나 남성 중에서 머리는 단정한지, 수염은 깔끔하게 밀었는지는 매일 확인하지만 입술의 상태까지 신경 쓰는 사람은 드물다. 화장품 광고를 봐도 알 수 있듯이 여성은 빛나는 입술 또는 부풀어 오를 듯 섹시한 입술을 만들려고 한다. 그러나 남성이 입술 케어를 하는 경우는 적다. 만일 입술을 케어하는 데 정성을 들이는 남성은 '후광 효과'의 위력을 잘 알고 있기 때문인지도 모른다.

　사람은 겉모습을 보고 판단하는 경우가 많다. 용모가 뛰어난 사람을 보면 필시 일도 잘할 것이라는 생각을 하거나 성격이 좋을 것이라고 짐작하는데 이것이 후광 효과다.

　미인이 여러 득을 보는 것은 이 후광 효과가 영향을 주기 때문이다. 상대방과 서로 마주하고 있으면 얼굴의 다양한 부분에 눈이 간다. 만일 그때 까칠까칠하고 건강해 보이지 않는 입술을 가진 사람과 혈색이 좋은 입술을 가진 사람을 비교하면 입술이 거친 사람에게는 그리 많은 점수를 주지 않는다. 작은 차이지만 사람에게 주는 인상은 결국 큰 차이를 보인다.

대화 도중 혀끝으로
입술을 핥는 이유

대화 도중에 혀끝으로 입술을 살짝 핥는 사람을 볼 때가 있다. 정작 본인은 전혀 눈치채지 못하지만 사람이 입술을 핥는 이유는 아기가 엄마의 모유를 먹을 때의 기억이 남아 있기 때문이다. 이 행동은 무엇에 흥미를 느끼거나 부모의 정이 느껴질 때 나온다고 한다. 그래서 이야기 내용이 흥미롭거나 혹은 이야기를 하는 상대방에게 호감을 가지고 있을 때 마음을 허락한다는 메시지로 해석할 수 있다.

실제로 스스럼없는 사이가 아니라면 혀를 보이는 행동은 하지 않는다. 어떤 실수를 했을 때 혀를 살짝 내보이는 행동을 하지만 대부분은 아주 친한 친구나 가족들 앞에서 한다.

다만 긴장을 하고 있을 때나 스트레스를 느끼는 등 정반대의 감정을 가지고 있을 때도 같은 행동을 한다. 이렇게 감정을 다르게 해석하지 않도록 하기 위해서는 눈을 확인하는 방법이 좋다. 동공을 크게 열고 있거나 눈이 반짝반짝 빛나고 있다면 당신에게 호감을 느끼는 것이다.

진실을 감추고 싶을 때
입을 다문다

입을 다물면 아무것도 말하고 싶지 않음을 뜻하고 입술을 깨물면 억울하거나 분노를 참고 있음을 뜻한다. 이렇게 입이나 입술을 보고 심리 상태를 알 수 있는 말들이 많은데 그만큼 사람의 입 모양은 표정이 풍부하게 많음을 의미한다.

그렇다면 윗입술 아랫입술을 입 안쪽으로 마는 사람은 어떤 생각을 하고 있을까. 이 행동에는 진심을 감추고 싶은 심리가 있다.

그렇지만 주의해야 할 점은 이 경우를 보고 거짓말을 한다고 단정 지어서는 안 된다. 분노나 슬픔을 억누르고 있을 수가 있기 때문이다. 입을 연다면 솔직하게 자신의 감정을 폭발시켜 버릴지도 모르기 때문에 강하게 입을 다문 채 그 감정을 억누르는 상태이다.

이와 비슷한 상황이 아랫입술만 입 속으로 말아 윗니로 물고 있는 경우다. 이때는 단순히 진실을 숨기기보다 양심의 가책을 느끼고 불편함을 느끼고 있을 가능성이 높다. 이런 작은 차이를 알아야 거기에 맞는 대처법도 달라지는 법이다. 실수를 하여 낭패를 볼지도 모르므로 주의 깊게 살펴봐야 한다.

한쪽 입꼬리만을 올려서 웃는 미소는
믿어서는 안 된다

하드보일드 영화 속에서 주인공이 한쪽 입꼬리를 올리며 왠지 모르게 웃음에 어울리지 않는 표정을 짓는다. 이 표정은 배우의 차분하고 깊은 멋을 위로 더 끌어올리기도 한다.

그러나 평소 생활하면서 이런 표정을 짓는다면 다른 각도에서 봐야 한다.

예를 들어 후배가 한쪽 입꼬리만 올리면서 "선배 정말 대단합니다"라며 칭찬을 해도 그 말을 그대로 받아들이는 일은 금물이다. 자신을 두고 빈정대거나 불만이 있음을 눈치채야 한다. 정말로 감탄할 때는 얼굴 좌우가 대칭이 된다. 비대칭인 표정을 짓는 행동은 경멸과 미움을 감추고 있다는 증거다.

이 두 개의 감정은 매우 비슷하지만 한쪽 입꼬리만 올려서 비뚤어진 입 모양이 되었다면 경멸의 정도가 심하다는 뜻이다. 게다가 턱을 올려서 위에서 내려 보는 듯한 시선까지 있다면 상대를 상당히 경멸한다는 뜻이다. 이런 표정을 자주 짓는 사람은 무엇이든 비판적으로 보거나 비꼬기를 좋아한다.

이렇게 표정으로 말 속에 숨겨진 진심을 확인할 수 있다.

흥분한 상대 앞에서는
더욱 낮게 말하라

열기를 띠면서 언쟁을 하면 목소리 톤도 올라가고 분위기도 점점 격해진다. 상대에게 지고 싶지 않은 마음이 점점 더 격앙된 목소리로 나오기 때문이다. 그러나 흥분한 사람에게 같은 목소리 톤으로 대응해도 그 순간에는 상황 정리가 제대로 되지 않는다.

이런 상황에서도 차분한 목소리로 이야기를 이어 갈 수 있다면 그 사람은 상대방을 자신의 페이스로 끌어올 수 있는 사람이다. 사람은 무의식중에 상대방의 목소리 톤에 맞게 자신의 목소리 톤도 바꾼다. '동질 효과'라고 부르는 심리 작용이다.

"그러니까 내 말은…" 하고 목소리를 차분히 가라앉히고 이야기를 시작하면, 자연스럽게 듣는 사람도 목소리를 낮추려고 한다. 여기에도 동질 효과가 작용하기 때문이다. 조용한 톤으로 차분히 이야기하면 상대방은 자신도 모르는 사이에 그 페이스에 맞춰서 따라가고 격앙되었던 기분도 진정할 수 있다. 이렇게 목소리 톤을 스스로 통제할 수 있는 사람은 자신의 페이스에 맞게 일을 진행할 수 있다. 낮은 목소리로 천천히 이야기를 이어 가면 상대방보다 우위에 설 가능성이 높다.

목소리 크기를 조절하면
호감을 줄 수 있다

사람의 인상은 의외로 단순한 요소에 좌우된다. 목소리의 크기도 그중 하나다. 늘 큰 목소리로 힘 있게 이야기하는 사람은 상대방의 신뢰를 얻는 방법을 자연적으로 터득하고 있다. 의식하지 않고 적절하게 큰 목소리를 내는 사람은 자신감이 넘치는 사람이다. 목소리가 큰 사람과 작은 사람을 비교해 보면 대부분의 목소리가 큰 사람에게 적극성을 느낀다.

예를 들어 부탁할 때, 보다 적극적인 태도로 일하는 사람에게 부탁하고 싶은 것이 당연하다. 그래서 말할 때의 목소리는 조금 크다 싶은 정도가 가장 좋다. 상대방의 신뢰를 얻기 위해서는 쾌활하고 적극적인 인상을 주는 것이 신뢰도를 높이는 가장 빠른 길이다. 원래 소심하고 겁이 많은 성격이라 해도 의식적으로 목소리를 크게 하는 일만으로 적극적이며 신뢰할 수 있는 자신을 연출하는 것이 가능하다.

그러나 적극성을 어필하고 싶은 나머지 너무 큰 목소리를 내는 실수를 저지르지 말아야 한다. 지나치게 큰 목소리는 오히려 공격적인 성향의 사람으로 여겨져 경계심을 불러온다. 조금 큰 목소리로 이야기를 하는 정도가 가장 좋다.

지나치게 큰 목소리는
사실 소심해서이다

　강하게 보이는 남성이 겉모습과는 달리 부드럽거나 외모가 아름답고, 청순해 보이는 여성이 알고 보면 독설가였다는 경우가 있다. 하지만 목소리의 크기로 예상되는 이미지와 실제 성격은 많은 차이를 보이지 않는다. 심리학적으로 목소리가 큰 사람은 활기차고 외향적이며, 목소리가 작은 사람은 내향적이고 소극적인 성격이라고 알려져 있다.

　하지만 필요 이상으로 큰 목소리를 내는 사람은 의외로 소심한 사람일 수 있다. 이런 성격은 자신감이 없으며 그것을 감추고 싶어 한다. 그래서 큰 목소리로 주위를 압도하고 자신감이 넘치는 사람으로 보이도록 위장하는 것이다.

　하지만 원래부터 소심한 사람이기 때문에 누군가와 언쟁을 하다 지면 금방 입을 다물고 만다. 평소에는 대담한 일을 한 것처럼 말하지만 행동은 전혀 그렇지 않다. 인생의 선배인 양 거들먹거리면서 큰 목소리로 이야기하는 사람을 보면 후배들에게 당하지 않기 위해서 허세를 부리는 것이다. 진짜 자신감이 넘치는 사람은 일부러 큰 목소리를 내지 않는다.

혀를 내미는 사람의
숨겨진 메시지

아이들이 싸움할 때 눈을 까뒤집으며 혀를 밖으로 내밀고 메롱하며 놀리는 경우가 있다. '이제 너랑 안 놀아' '너 정말 싫어' 하는 뜻이 있는 동작이다.

성인은 이런 유치한 행동은 하지 않지만 혀를 내미는 사람을 보면 거절이나 거부의 메시지를 보내고 있다고 생각해야 한다.

아직 말을 하지 못하는 아기들은 배가 부르면 혀로 엄마의 젖꼭지를 밀어내는데 이 동작 또한 같은 뜻이다. 혀를 내미는 행동은 '말하고 싶지 않다' 혹은 '가까이 오지마'라는 의사를 무언중에 전달한다. 그래서 이야기를 하는 도중에 상대방의 혀가 보이기 시작하면 지겨워하고 있음을 알아차려야 한다.

하지만 어떤 일에 열중하고 있을 때도 무의식중에 혀를 내밀 수 있기 때문에 잘 구분해야 한다. 이때는 현재의 상황에 집중하고 있기 때문에 방해받고 싶지 않다는 심리 상태이므로 잠시 동안은 그대로 집중하도록 두는 편이 좋다.

입 모양으로
성격을 판단할 수 있다

눈의 움직임에는 그때의 심리 상태가 나타나지만 눈과 입 모양은 그 사람의 성격을 알 수 있다. 일반적으로 눈이 큰 사람은 쾌활한 성격으로 주위 사람들을 힘차게 끌어당긴다. 반대로 눈이 작은 사람은 작은 일도 세심하게 배려하는 사람으로 알려져 있다.

입술이 쭉 앞으로 나와 있으면 의지가 강한 성격이고 입을 반쯤 열고 멍하니 있으면 쉽게 긴장하지 않는 타입이다. 겉모습이 주는 인상은 이렇게 그 사람의 성격을 드러낸다. 만일 큰 입을 가진 사람이 아닌데 입을 크게 벌리고 유쾌하게 웃거나 반대로 아무리 봐도 큰 입을 가진 사람이 그다지 입을 크게 벌리지 않고 의식적으로 작게 벌린다면 무의식적으로 자신의 인상을 바꾸려는 건지도 모른다. 이는 데이트하는 여성에게서 자주 볼 수 있는데 입을 작게 오므리면서 식사를 하면 여성스러운 인상을 줄 수 있다고 생각하기 때문이다.

초면에 만나는 상대방의 입 크기와 움직임이 맞지 않을 때 무언의 메시지가 있을 수 있으므로 유심히 바라보자.

손동작에 숨겨진
심리학

상대방이 테이블을 치면
주의하라

잠시만 주의 깊게 보면 이야기하고 있을 때 자신은 물론 상대방도 생각보다 훨씬 많이 손을 움직이고 있음을 알 수 있다. 손을 전혀 움직이지 않고 이야기하는 것이 오히려 더 힘들다.

본인은 전혀 의미 없이 움직인다고 생각하지만 그 속에는 심층 심리가 숨겨져 있다. 신체 중에서도 가장 자유롭고 여러 동작이 가능한 손은 말 이상으로 이야기한다. 따라서 손의 움직임이 어떤 진심을 보이고 있는지를 알아 두면 업무에서도 사적인 자리에서도 민감한 분위기를 금방 눈치챌 수 있다.

예를 들어 펜이나 손가락 끝으로 테이블을 탁탁 치는 행동이 눈에 들어오면 대화가 길어지고 있으니 이를 빨리 끝내고 싶다는 사인이다. 혹은 당신 이야기에 흥미가 없을 수도 있고 다음 약속에 늦을까 걱정하고 있을지도 모른다. 따라서 무리하게 이야기를 이어 가는 것보다 슬슬 마무리하는 편이 좋다. 손가락 끝을 주의 깊게 살펴보면 상대방의 마음을 좀 더 쉽게 읽을 수 있다.

깍지 끼는 위치에 따라
다른 심리 상태

대화 도중에 머리 뒤로 손을 깍지 끼는 행동은 언뜻 보면 기지개를 펴는 듯 자연스럽게 보인다. 그렇지만 사실은 매우 지루해하는 상태다. 더욱이 신체를 움직이는 행동은 대화가 즐겁지 않다는 뜻이다.

자신은 매우 흥미 있고 재미있는 이야기일지 모르지만 상대방 또한 같은 생각인지는 모른다. 상대가 지루해한다고 눈치채면 재빨리 이야기를 마무리하던지 다른 이야기로 화제를 돌리는 편이 무난하다.

이야기에 싫증을 내고 있는 심리는 깍지를 끼는 아주 작은 행동에서도 읽을 수 있다. 그런데 똑같은 행동이지만 의자 뒤로 깍지 끼었다면 전혀 다른 의미로 해석된다. 이 행동에는 기분을 바꿔서 조금 더 이야기를 듣고 싶어 하는 생각이 숨겨져 있다. 이때는 조금 휴식을 취하거나 차를 마시며 여유를 가진 뒤 이야기를 이어 가는 것이 좋다.

깍지 끼는 위치에 따라 그 대응 방법도 달라진다. 머리 뒤인지 의자 뒤인지 바로 보이기 때문에 상대방의 기분을 금방 확인할 수 있다.

이마에 손을 대고 생각 중이라면
이야기를 멈춰라

자주 얼굴을 만지면서 이야기한다면 의심할 필요가 있다. 거짓말을 하거나 비밀이 있을 때는 이를 감추기 위해서 얼굴을 만지는 동작이 늘어나기 때문이다.

이마에 손을 얹는 행동은 조금 다른 의미가 숨겨져 있다. 무심결에 이마에 손을 대거나 일이 막혔을 때 이마를 가볍게 치는 행동을 하는데 성격이 활발한 사람이 이런 동작을 자주 하는 편이다.

그러나 이마에 손을 대고 한참 동안 생각에 잠기는 경우는 현재 곤혹스러운 상황임을 뜻하며 심리적으로도 불안정한 상태이다. 가령 상대방의 이야기에 동조하지 못하며 어떻게 거절하면 좋을까를 생각하는 경우가 많다.

협상에서 상대방이 이런 동작을 한다면 달갑지 않은 대답을 할 가능성이 높다. 이럴 때는 어떤 화제든 우선 멈추는 것이 최선이다. 굳이 결론이 나지 않더라도 다음 기회를 기다리자. 상대방과의 거리감을 안정적으로 유지하는 것도 성공할 수 있는 열쇠다. 이런 작은 메시지를 놓쳐서는 안 된다.

상대방과 심적 거리를 좁히고 싶다면
악수하라

한국은 정중한 인사를 중요하게 여기지만 서양은 악수로 인사를 나누는 문화다. 한국은 초면이든 구면이든 상대방이 나이가 많거나 지위가 높은 경우 가볍게 머리를 숙이고 인사를 하지만 서양인은 거리낌 없이 손을 앞으로 내민다.

한국은 스킨십 문화가 그리 발달되어 있지 않아 상대방이 갑작스럽게 손을 내밀어 악수하면 당황하는 사람도 있다.

처음부터 악수하려는 사람들의 심리에는 어떤 감정이 숨겨져 있을까. 이 행동은 상대방과 신뢰 관계를 쌓고 싶거나 혹은 상대방의 마음을 알고 싶어 하는 심리를 드러내는 것이다.

'악수'는 쌍방의 관계에도 영향을 준다. 어느 심리학 실험에 따르면 단순히 말로만 하는 인사에 비해 악수를 하면 보다 깊은 책임감과 연대감이 생긴다는 조사 결과가 있다.

악수를 함으로써 상대방에게 '성실해야 한다'던지 '거짓말을 해서는 안 된다'는 마음이 든다. 이렇게 상대방의 심리적 벽을 낮추는 효과가 있다.

악수는 아니지만 자연스럽게 어깨를 살짝 만지는 행동도 같은 의미이다.

손짓을 보고
거짓말을 알아낼 수 있다

좋아하지 않는 사람과 함께 있어도 웃는 얼굴로 이야기할 수 있다. 그러나 무방비한 상태에 있을 때 손은 거짓말을 하지 않는다. 상대방이 의식하지 않는 동안 손을 어떻게 움직이는지에 따라 그의 거짓말을 알 수 있다.

사람은 불안을 안고 있거나 거짓말을 하려고 마음먹으면 무의식중에 손을 움직인다.

아주 작은 움직임이지만 손가락 동작도 불안정하며, 의자의 팔걸이를 강하게 쥐는 동작이 눈에 들어오면 신중해야 할 필요가 있다. "나 바람피운 적 없어"라고 말하며 이런 동작을 한다면 거짓말인지도 모른다.

손바닥을 비비는 동작은 그 속도에 따라 의미가 다르다. 빠르게 손바닥을 비빌 경우는 본심을 숨기지 않고 말하는 것이지만 천천히 비빌 경우는 무언가 숨기는 일이 있다는 의미다.

손을 테이블 밑에 숨기는 행동도 본심을 들키고 싶지 않는 동작 중 하나다. 불안이나 긴장, 혹은 상대방에 대한 경계심이 풀리지 않은 상태에 나타나는 경우가 많아 이쪽에서 친밀감을 보여도 상대의 마음은 아직 열리지 않은 상태임을 알 수 있다.

손동작에 따라
강조하는 내용이 다르다

대화할 때 몸짓이나 손짓을 크게 하는 사람이 있다. 이런 사람은 감정 표현이 뛰어나고 자신이 하고 싶은 말을 교묘하게 전달하는 데 능숙하다. 큰 동작은 관심을 모으기도 하고 또 정보를 알기 쉽게 전달하는 효과가 있다.

예를 들어 "최근에 ○미터나 하는 물고기를 낚았어"라고 말하는 행동보다 양손을 크게 벌리고 "이렇게 큰 물고기를 잡았어" 하고 표현하면 듣는 사람에게 물고기의 크기와 잡았을 때의 기쁨이 실감나게 전달된다.

언어에 손동작을 더하면 보다 설득력이 커진다. 케네디 전 대통령은 손동작을 아주 능숙하게 사용한 인물로 유명한데, 대화 사이사이 손으로 강한 힘을 표현했다고 한다. 다시 말해 전하고 싶은 메시지에 따라 손의 움직임이 변한다.

이 행동을 유심히 보면 상대방이 무엇을 강조하고 싶은지를 알 수 있다. 위에서 밑으로 내려오는 움직임은 힘이나 권력을, 반대로 밑에서 위로 움직이는 움직임은 부드러운 성격이거나 친절함을 어필한다. 양손을 옆으로 벌리고 있을 때는 공감을 얻고 싶을 때이다.

한쪽 팔을 잡는 동작으로
알 수 있는 본심

같은 나이에 성격도 비슷해 보이는 두 사람이 있다고 가정해 보자. 그들 사이에 상하 관계가 있는지 없는지를 알아보기는 힘들다. 그렇지만 만약 한 사람이 자신의 한쪽 팔을 반대 손으로 잡는 듯한 동작을 한다면 그를 밑에 있는 사람으로 봐도 좋다.

지위가 낮은 사람이나 약한 입장에 있는 사람, 혹은 마음이 불안한 사람은 이런 포즈를 자주 취한다.

유아기에는 불안이나 공포를 느꼈을 때 부모가 안아 주면 안심한다. 그러나 어른은 심한 스트레스를 받더라도 그런 보호를 받을 수 없다. 그래서 자신을 만지는 '자기 터치'로 불안을 해소하고 욕구를 만족시키려는 것이다. 그렇다고 양손으로 자신을 끌어안는 행동은 사람들이 눈치채기 쉽고 부담을 줄 수 있으므로 한쪽 팔을 잡는 동작을 취하는 것이다. 한편 남성은 급소 주위를 손으로 감추려는 동작을 하기도 한다.

많은 사람 중에 당당하게 보이는 사람, 강해 보이는 사람은 대부분 높은 지위에 있는 사람들이다. 언뜻 보이는 인상은 정확할 때가 많다.

손가락으로 소리 내는
사람의 심리

손가락으로 톡톡 소리를 내는 버릇이 있는 사람은 허세를 부리기 좋아하며 자의식이 강한 경향이 있다. 그러나 이 행동은 주위의 관심을 끌기 위해서 의식적으로 하는 행동이 아니라 본인도 모르는 사이 하는 행동이다.

이런 타입은 체면을 매우 중요하게 생각하는 한편 정작 자신에게는 자신감이 없는 사람이 많다. '다른 사람에게 멋지게 보이고 싶다'고 생각하지만, 소극적이고 자신을 믿지 못하는 불안 사이에서 갈등한다.

이러한 불안정한 심리 상태를 안정시키기 위해 손가락으로 소리를 낸다. 누군가와 이야기를 하고 있어도 '자신의 이야기가 재미있을까' 하는 불안한 마음이 들어 대화의 틈새를 메우고 자신을 포장하려고 자연스럽게 손가락으로 소리를 내는 것이다. 손가락으로 소리내는 버릇이 있는 사람이 있다면 허세 많고 거들먹거리는 사람이라 생각하지 말고 불안을 달래기 위한 행동임을 이해하고 따뜻하게 감싸 주어야 한다. 다만 레스토랑에서 점원을 부를 때처럼 의식적으로 손가락을 튕겨 소리를 내는 사람은 다른 경우이다.

양손을 오므렸다 폈다 할 때는
이야기를 중지하라

많은 사람이 협상에서 자신에게 유리한 방향으로 진행되도록 본심을 숨기고 협상을 이어 나간다. 이런 상황에서는 양손의 움직임을 보고 상대방의 진심을 알아채는 방법이 좋다.

만약 상대방이 손바닥을 맞대고 오므렸다 폈다 할 경우는 주의가 필요하다. 이는 협상을 지루해하거나 불안해하는 동작이다. 협상 내용에 불만을 느끼거나, 흥미가 없어져서 빨리 이야기를 마무리하고 싶어 할 가능성이 높다. 쉽게 알아차릴 수 있는 행동이므로 조금만 주의를 기울이면 눈치챌 수 있을 것이다.

이런 행동을 무시하고 계속 물고 늘어져도 상대는 점점 지루해할 뿐 협상에 주의를 기울이지 않아 좀처럼 진전되지 않는다. 결론을 내도록 압박을 줘도 부정적인 대답만 돌아올 뿐이다. 그럼에도 끈질기게 달라붙으면 결국 상대방을 화나게 만든다.

이런 상황이 발생되면 빨리 협상을 중단하고 작전을 다시 세워서 뒷날을 기약하는 행동이 상책이다.

진실을 말하고 싶지 않을 때는
입을 막는다

평소와 다른 행동을 빈번하게 본다면 위화감을 느낄지 모른다. 타인의 동작을 관심 있게 보는 사람이라면 상대방이 평소와 달리 자주 입꼬리를 만지는 행동을 봤을 때 '이 녀석 거짓말하고 있는 거 아냐?' 하고 의심할 수 있다.

숨기는 사실이 있을 때 손은 자주 입 주위로 간다. 그러나 곧바로 거짓말을 하고 있다고 결론을 내리기는 너무 섣부른 판단이다. 상대방이 비밀이 있거나 숨기고 싶은 일이 있을지도 모른다. 그러나 거짓으로 감추는 게 아니라면 이야기가 순조롭게 이어질 때 자신도 모르게 말하려고 할 것이다. 이때 해서는 안 될 이야기라는 생각이 들면 뇌가 정지 명령을 내린다. 모순된 상태가 입을 막는 애매한 동작으로 나타나는 것이다.

예를 들어 결혼이 결정되었지만 아직은 이야기를 하지 말자고 약속한 경우에는 어설프게 다른 사람에게 이야기할 수 없다. 그래서 기쁨이 입 밖으로 새지 않도록 참는 것이다.

윗입술을 손가락으로 만지는 행동도 비슷한 의미지만 이는 불쾌감을 감추려는 것으로 윗입술이 올라간 얼굴을 상대방에게 보이지 않게 하기 위해서다.

손바닥 방향으로
보는 배려도

다른 사람을 가리킬 때, 손바닥을 위로 향하는지 밑으로 향하는지는 그 사람의 인상을 바꾼다.

받아들이는 사람은 손바닥이 위로 향하는 사람에게 친근함을 느낄 것이다.

손바닥을 위로 향하게 해서 상대방을 가리키는 사람은 타인을 치켜세워 주는 타입이며 손바닥을 밑으로 향하게 하는 사람은 자신의 권위를 강조하는 타입이다.

특히 집게손가락이나 펜 끝으로 삿대질하는 듯한 행동은 상대방을 복종하게 만들려는 생각이 강하다. 심리학에서 보면 몽둥이로 사람을 때리는 듯한 자세를 상징하고 있어 위협이나 도전의 의미를 가지고 있다.

그러나 정말 힘 있는 사람이라면 이런 자세가 아니더라도 상대방이 자신을 따르도록 만든다. 오히려 손가락으로 사람을 가리키는 이유는 자신이 약자의 입장에 있음을 자각하고 있기 때문이다. 이런 사실을 감추기 위해 위협하는 포즈를 취하고 허세를 부리는 것이다.

손바닥을 밑으로 향하게 하는 나치의 경례를 대표적인 예로 들 수 있다.

　다른 사람을 지칭할 때는 상대방에 대한 배려를 하지 않는 경우가 많기 때문에 늘 신중해야 한다.

팔짱을 끼는
행동 속 심리

사람의 행동은 같은 동작이라도 여러 의미가 있다. 그중 하나가 팔짱을 끼는 행동이다. 팔짱을 끼는 행동을 불안이나 불쾌감, 혹은 공포를 느꼈을 때 자신을 보호하기 위한 행동으로 생각하는 경우가 많다. 혹은 '더 이상은 안 됩니다'라고 거부하는 행동으로 여기는 경우도 있다. 그러나 이 행동이 무조건 상대방에 대한 부정으로 볼 수는 없다. 사람은 자신의 생각에 몰두해 있을 때도 팔짱을 끼기 때문이다.

대화 도중에 상대방이 팔짱을 끼고 무언가 골몰히 생각한다면 당황할지 모르지만 자신의 생각에 빠져 있기 때문에 방해하지 말라는 사인을 보내는 것이다. 이럴 때는 조급하게 이야기를 끌어가지 않고 천천히 대화를 이어 가는 편이 좋다.

특히 손을 겨드랑이 밑에 끼우고 엄지손가락만 보이도록 팔짱을 끼고 있는 행동도 거부의 메시지가 아니다. 냉정하게 상황이나 물건을 살펴보고 있는 자세이므로 편안하게 이야기를 하면 보다 좋은 결과를 얻을 수 있다.

상대방이 이 자세를 한다면 생각을 정리할 때까지 천천히 기다리는 편이 좋다.

호감을 느끼면
상대의 팔에 손을 올린다

스킨십은 마음의 거리를 좁히는 효과적인 방법이지만 동양인에게는 익숙하지 않는 부분이 있다. 그래서 친밀감이 생기기 전에 잦은 신체 접촉은 오히려 불쾌감이나 혐오감을 만든다.

그렇지만 다른 사람이 신체 접촉을 해도 그다지 신경 쓰이지 않는 신체 부위가 있는데 바로 팔이다. 팔을 만지면 많은 사람이 안정감을 느낀다고 말한다. 불안한 생각이 들 때 자신의 팔을 감싸 안는 이유도 보호막을 만들어 안정감을 얻기 위해서다.

그래서 팔에 스킨십하는 행동은 상대의 경계심을 풀고 반대로 호감을 올리는 효과가 있다. 사람을 부르거나 물건을 건넬 때 자연스럽게 상대방의 팔에 손을 올리는 사람은 그와 친해지고 싶은 생각이 있는 것이다.

만약 이성이 이런 행동을 한다면 당신에게 관심이 많다는 증거지만 가끔은 이를 이용해 자신의 목적을 이루려는 사람이 있을지 모른다. 호의인지 목적에 따른 행동인지 주의가 필요하다.

상대방의 어깨로 아는
호감도

앞에 있는 상대방이 자신에게 호감을 가지고 있는지 없는지는 누구라도 신경을 쓰기 마련이다. 특히 마음속으로 호감이 있던 이성이라면 더욱더 진심을 알고 싶을 것이다.

직접 물어보는 방법이 가장 빠르지만 그러기 위해서는 꽤 큰 용기가 필요하다. 이럴 때는 상대방의 어깨를 주의 깊게 살펴보면 좋다.

여성은 호감을 가지고 있는 상대방 앞에서는 한쪽 어깨가 내려간다. 만약 한쪽 방향으로 내려갔다면 굳이 말하지 않아도 당신에 대한 호감을 확인할 수 있다.

반대로 어깨가 경직되어 있고 수평이라면 주의가 필요하다. 그다지 호감을 가지고 있지도 않은데다 불편한 기분을 나타내는 표현이다.

그런데 재미있는 사실은 남성이 같은 동작을 하고 있다면 다르게 해석된다는 것이다. 양어깨가 수평이 되었다면 호감의 증거이지만 한쪽 어깨가 내려가면 그다지 기분이 좋지 않다는 표시이다.

남성과 여성의 행동이 반대로 해석되기 때문에 착각하지

않도록 주의하자. 여성은 무의식적으로 호감이 있는 상대에게 기대려 하고 남성은 지켜 주려 하기 때문에 다른 자세를 취하는 것이다.

컵을 양손으로 감싸는
이유

컵을 양손으로 감싸면서 술이나 물을 마시는 여성이 있다. 미팅 자리 등에서 그런 동작을 하는 여성이 있다면 자연스럽게 말을 걸어 보자. 양손으로 컵을 잡는 동작은 현재 '행복도'가 높지 않은 상태임을 말한다. 이야기하는 상대방이 자리를 비웠거나 다른 이성과 이야기를 해서 느끼는 외로움의 표현이기 때문에 이때 말을 건다면 즐겁게 대화할 수 있다.

줄곧 양손으로 컵을 쥐는 여성은 뿌리 깊은 외로움이 마음속에 있기 때문에 말을 거는 행동만으로 마음에 불을 붙이는 상황을 만들기도 한다. 사랑을 동경하고 또 쉽게 사랑에 빠지는 타입이므로 상대가 어떤 사람인지는 그다지 중요하지 않다.

만일 여성이 너무 외로워 보인다는 이유로 가볍게 말을 걸어 사귀게 될 때는 일방적으로 휘둘리게 될지도 모른다. 양손으로 컵을 잡는 여성이 있다면 어떤 심리 상태인지 확인한 뒤에 말을 걸어 보는 쪽이 문제가 생기지 않는다.

지하철 안에 있을 때
자세로 아는 성격

　지하철을 매일 타다 보면 자신도 모르는 습관이 생긴다. 예를 들어 구석 자리만 찾는 사람, 문 앞의 자리에 앉는 것을 좋아하는 사람 등 다양하지만 그중에는 바로 내리지도 않으면서 문 앞에 서 있는 자세를 고수하는 사람이 있다. 게다가 역마다 내리고 타는 사람이 많아도 계속 그 자리에 서 있다. 이런 사람은 아주 고집이 세다. 지하철뿐만 아니라 회사에서나 사생활에서도 자신이 한 번 결정한 일은 생각을 바꾸려 하지 않으며 자신과 다른 의견에도 그다지 귀 기울이지 않는다.

　또한 좌우로 흔들리는 지하철 안에서 고정된 난간을 잡거나 기댐으로써 고집이 센 사람은 안정과 공감을 느끼고 있는지도 모른다.

　한편 손잡이를 잡고 싶어 하는 사람은 난간을 잡고 싶어 하는 사람과 정반대 성격이다. 어떤 상황에서도 유연하게 대처할 수 있고 다른 사람과도 맞춰 가면서 이야기 할 수 있기 때문에 고집스러운 사람과도 겉으로는 순조롭게 이어 갈 수 있다.

상담하기 전에
상담자의 자세를 봐라

상담받을 때는 상대방의 손 위치를 파악한 뒤에 이야기를 시작하는 것이 좋다. 왜냐하면 손이 어느 위치에 있는지, 그 손이 어떤 모습을 하는지에 따라 이야기를 얼마큼 진지하게 듣고 있는지를 알 수 있기 때문이다.

상담자로서 좋은 자세는 테이블을 사이에 두고 서로 마주 앉았을 때 손이 테이블 위에 가볍게 올라온 경우다. 만일 테이블 위에 손이 깍지를 끼고 있다면 더욱 좋다.

테이블 밑에 손이 있으면 몰래 휴대전화를 만지작거리거나 불안정하게 손을 움직여 이야기에 집중하지 못할 가능성이 높기 때문이다.

또 팔짱을 끼고 있는 사람은 지금 상대방을 경계하고 있으니 그런 사람에게 상담을 해도 진지한 대답을 기대하기는 어렵다. 그래서 테이블 위에 손을 올리고 있는 사람이 가장 적절한 상담 상대이며 깍지를 끼고 있다면 더욱 안정적으로 상담할 수 있다.

상대가 긴장한다면
손발을 벌려라

주인에게 복종하는 개와 달리 고양이는 경계심이 강해 사람을 잘 따르지 않는다. 그런 고양이가 배를 보이며 잘 때는 아주 편안한 상태이다. 배를 보이는 행동은 극히 무방비 상태이므로 안전한 장소나, 상대방에게 경계심이 없을 때만 가능하기 때문이다.

이런 행동은 인간도 마찬가지다. 손이나 다리를 넓게 벌리고 의자 위에 앉아 있다면 그 사람은 편안하고 마음이 열려 있는 상태다. 또한 마음을 많이 비우고 있으며 긴장하지 않는다.

이에 반해 양 무릎을 모으고 어깨를 움츠리는 사람이 있다면 그 사람은 긴장한 상태이다. 꼿꼿이 서서 움직이지 않는 경직된 자세를 취한다.

업무 중에 상대방이 경직된 자세로 있다면 손발을 조금 넓게 펼쳐서 여유를 보이는 것이 좋다. 그것만으로 그 장소의 공기는 당신에게 우세하게 흐르므로 협상 또한 유리하게 진행할 수 있다.

5

행동으로 읽는
심리학

다리를 꼬는 행동 속
숨겨진 심리

무슨 일을 할 때 무의식적으로 다리를 꼬는 사람이 많다. 임상심리학자인 존 블레이저 박사에 따르면 사람의 성격에 따라 앉았을 때 다리를 꼬는 자세가 달라진다고 한다.

예를 들어 한쪽 다리를 반대쪽 다리로 감싸는 사람은 업무에서 완벽주의를 지향하는 타입이다. 블레이저 박사에 따르면 이렇게 다리를 꼬는 대부분의 사람이 업무에서 완벽함을 바라고 있지만 마음속 어딘가에 불안을 안고 있는 경향이 있다고 한다.

또 다리를 꼰 뒤 이리저리 흔드는 사람은 경쟁심이 높은 타입이 많고 처음부터 다리를 꼬지 않고 똑바로 정돈해서 앉는 사람은 정리를 좋아하고 진지한 성격이 많다고 한다. 이런 경향은 특히 여성에게 강하게 나타난다.

그런데 편안하지도 않으면서 일부러 다리를 꼬는 사람이 있다. 이런 행동은 눈앞의 상대방보다 우위를 차지하려고 짐짓 여유 있는 태도를 보이려는 의도가 숨겨져 있다.

자주 쓰는 다리가
어디인지 확인하라

　의자에 앉아 있을 때 흔히 다리를 꼰다. 만일 면접이나 회사에서 중요한 회의가 있을 때는 의식해서 피하지만 자신의 책상이나 사적인 자리에서는 다리를 쉽게 꼰다.

　인간의 신체는 뇌에서 멀어질수록 의식적으로 행동하기가 어려워진다. 그래서 뇌에서 가장 멀리 있는 발은 그만큼 본심이 드러나기 쉬운 곳이다. 이렇게 다리를 꼬는 모습을 보면 그 당시의 심리 상태를 알 수 있다. 중요한 점은 자주 쓰는 다리를 유심히 봐야 한다. 먼저 자주 쓰는 다리를 위로 올려 다리를 꼬고 있다면 현재 편안한 상태이며 만일 그렇지 않다면 긴장하고 있다는 증거다.

　자주 쓰는 다리는 어떤 일이 생겼을 때 가장 먼저 차거나 올리거나 달릴 때 쓰는 다리이다. 그 다리가 다리를 꼬았을 때 땅 위에 붙어 있는지 위로 떠있는지를 보면 그때의 심리 상태를 알 수 있다. 자주 쓰는 다리가 아닌 다른 쪽 다리를 위쪽으로 해서 다리를 꼬고 있을 때는 경계하는 부분이 있거나 숨기고 싶은 진실이 있는지도 모른다.

상대방의 다리가 자신을 향하지 않는다면
화제를 바꿔라

윗사람이나 중요한 고객처럼 긴장할 수밖에 없는 상대 앞에서는 발을 가지런히 두지만 다소 편안한 상대 앞에서는 긴장을 풀고 다리를 꼬고 앉게 된다. 이렇게 다리를 꼬고 앉는 자세에도 상대방에 대한 관심의 정도가 숨겨져 있다. 가장 알기 쉬운 경우는 일렬로 앉았을 때다.

다리를 꼬았을 때 위로 올라간 다리가 상대방을 향해 있다면 호감이 있거나 이야기의 내용에 흥미를 가지고 있다는 뜻이다.

반대로 위로 올라간 다리의 방향이 반대로 향한다면 상대에게 그다지 관심이 없다는 뜻이다. 다리를 꼬고 있을 때 그 다리를 방어벽으로 삼아 상대방과의 거리를 유지하려는 심리를 나타내는 것이다.

만약 상대방의 다리가 자신에게 향하고 있지 않다면 화제를 바꾸려는 노력을 해야 한다. 이런 다리의 방향은 무의식적인 경우가 많고 상대방도 그냥 편한 자세를 하고 있다고 생각할지 모른다. 그러나 그 행동에는 본인도 모르는 무언의 메시지가 숨어 있다.

서서 이야기를 할 때
상대의 발을 보아라

눈앞에 있는 커플이 이야기를 나누고 있다고 가정해 보자. 그런데 여성이 진심으로 이야기를 재미있어 하는지 없는지를 알 수 있는가. "서두르는 기색도 없고 얼굴도 몸도 남성을 향해 있다. 아마 그녀는 열심히 그의 이야기를 듣고 있다"고 대답한다면 당신은 다른 사람의 심리를 읽어 내는 능력이 있다. 그런데 조금 아쉬운 점은 주의 깊게 봐야 할 부분 하나를 놓쳤다. 그것은 발끝이다. 사람은 무의식중에 흥미나 관심이 있는 곳으로 발끝이 향하는 경향이 있다. 만일 발끝도 그를 향해 있다면 진심으로 대화를 즐기고 있다는 뜻이다.

그러나 발끝이 다른 곳으로 향한다면 그녀는 그의 이야기가 그다지 즐겁지 않거나 남성에게 관심이 없는 것이다. 특히 발끝이 입구를 향한다면 빨리 나가고 싶어 할 가능성이 있다. 다리를 꼬고 있을 때는 맨 위에 오른쪽 다리의 발끝이 출구를 향해 있거나, 서 있는 경우에 한쪽 방향의 발끝이 출구를 향해 있다면 그 자리를 빨리 떠나고 싶다는 심리를 숨기고 있는 것이다.

걸음걸이로
배려하라

회사에서 아주 큰 실수를 했을 때는 자기도 모르게 말문이 막히고 식은땀이 흐른다. 너무 큰 충격을 받아 걸음걸이가 이상해지기도 한다. 만일 이때 "괜찮아, 이런 방법을 쓰면 문제가 해결될 거야"라며 냉정하게 충고해 주는 동료나 선배가 있다면 큰 안심이 된다.

그렇지만 조언을 해 주는데도 상대방이 휙 뒤돌아 부자연스러울 정도로 급하게 가고 있다면 '괜찮지 않다'는 뜻이다.

위급한 상황에 있을 때는 평정심을 가장하려고 해도 걸음걸이까지 신경 쓰기 어렵다.

걸음걸이는 그 사람의 본심을 비추는 거울이라 말해도 과언이 아니다. 말로는 괜찮다고 하지만 조급한 걸음걸이로 걷는 모습을 보면 심리적으로 불안한 상태임을 알 수 있다.

또 평소에는 배려심이 많은 자상한 남자가 같이 걸을 때 자신의 속도로 성큼성큼 걸어가고 있다면 평소의 자상함은 만들어졌다고 봐도 좋다. 진심으로 배려하는 사람이라면 상대방의 걸음 속도를 맞추어 걷는 일이 자연스럽다. 걸음걸이는 그 사람의 됨됨이를 보여 준다.

부탁할 때는
거리를 좁혀라

어떤 부탁을 받았을 때 생각과 달리 쉽게 부탁을 들어주는 경험이 있을 것이다. 여기에는 의외의 트릭이 숨어 있다.

미국에서 심리학을 연구하던 그룹이 다음과 같은 실험을 한 적이 있다. 같은 내용의 부탁을 상대방과 시선을 맞추면서 '거리를 1미터로 가깝게 다가갈 때'와 '거리를 45센티미터로 가깝게 다가갈 때'로 조건을 달리한 결과, 가까울수록 승낙하는 확률이 높아졌다는 결과가 나왔다.

결국 상대방에게 부탁을 할 때는 거리를 가깝게 할수록 수락할 가능성이 높아진다. 게다가 상대방에게 스킨십을 하면서 부탁하면 더 효과가 크다. 스킨십은 문자 그대로 피부의 접촉에 의한 애정 교류로 마음을 어루만지는 효과가 있다.

물론 다른 사람이나 그냥 아는 사이 정도인 사람이 스킨십을 시도한다면 기분이 나쁠 것이다. 그러나 상식적 범위에서 가볍게 터치하는 정도라면 불쾌하지 않다. 만약 팔을 잡으면서 "나 좀 어디 데려가 줘"라며 여자친구가 조르면 쉽게 그 부탁을 들어주는 것과 마찬가지다.

상대방이 앞으로
몸을 내미는 순간을 잡아라

드라마나 영화에서 클라이맥스 순간에는 나도 모르게 몸을 앞으로 내밀면서 영화를 응시한다. 화면을 보기 힘들기 때문에 몸을 앞으로 내미는 것이 아니라 흥미가 있는 내용을 보면 무의식중에 앞으로 가는 것이다. 만일 협상 중에 상대방이 몸을 앞으로 내밀고 있다면 그 순간은 절호의 찬스라 생각해야한다. 짐짓 흥미 없는 표정을 지어도 상반신이 앞으로 기우는 자세가 되었다면 이야기에 흥미가 많다는 뜻이다.

핵심은 상대방이 몸을 앞으로 내민 순간이다. 이때를 알면 이야기의 어떤 부분에 흥미를 가졌는지를 알 수 있어 그 부분을 중점적으로 설명하면 좋다. 서서히 이야기가 진행이 되면 한순간에 질문 공세를 하거나 주도권을 가져와 이야기를 마무리하는 단계로 가야 한다.

한편 대화 내용에 흥미가 없을 때는 상반신이 조금 뒤쪽으로 가 있다. 상대방이 의자 등받이에 기댄 채 이야기를 듣고 있다면 그다지 내용에 관심이 없는 것이다. 아무리 열심히 이야기해도 허공에 대고 이야기하는 꼴이니 화제를 바꾸고 다른 방향에서 이야기를 이어 가는 편이 좋다.

자신감이 없을 때
과장한다

짐짓 과장스러운 몸짓이나 손짓을 주고받으며 이야기하는 서양인에 비하면 동양인은 그다지 손을 쓰거나 움직이지 않는다. 그러나 때로는 격하게 손을 움직이거나 큰 동작을 보이면서 이야기하는 사람이 있는데 의외로 자신감이 없는 사람이다.

필요 이상으로 큰 동작을 하는 이유는 자신의 이야기만으로는 상대에게 잘 전달되지 않거나 혹은 자신이 이야기하고 있는 내용에 확신이 없어서 불안하고 긴장한 탓이다.

이런 자신감이 없는 부분을 메우기기 위해서 또는 확신 없는 모습을 속이기 위해서 자신도 모르게 큰 동작을 하는 것이다. 또 이야기를 할 때 팔을 크게 들어 올리는 사람은 스스로를 실제 자신보다 크게 보이게 해서 반대 의견을 막으려는 의도도 있다. 회의에서 그런 동작을 하는 사람은 자신의 존재를 과시하려고 애를 쓰는 사람이다. 몸짓이나 손짓이 과장된 사람을 상대하다 보면 자신도 모르게 말려들 수 있다. 이럴 때는 의도적으로 한발 뒤로 물러서서 상대방의 말이나 표정을 꼼꼼히 관찰하고 본심을 꿰뚫어 보는 작업이 필요하다. 상대방의 불필요한 몸짓에 휘말리지 않도록 조심해야 한다.

설득할 때
상대의 발과 자세를 보아라

어떻게든 이해를 얻으려고 열심히 설득해도 상대방의 기분을 알 수 없을 때가 있다. 그럴 때는 그 사람의 자세와 발의 움직임을 주의해서 살펴보자.

상대방의 신체가 똑바로 나를 향하고 무릎이 조금 벌어져 있는 자세를 취한다면 열린 마음으로 내 이야기를 받아들일 가능성이 있다. 이것은 '오픈 포지션'이라고 해서 상대방의 의견을 긍정적으로 받아들인다는 의미이다. 한편 발을 꼬고 몸을 비스듬하게 하는 것은 '클로즈드 포지션'으로 내용 자체를 거부하거나 더 이상 이야기를 들으려는 의지가 없다는 뜻이다.

이야기를 들으면서 상대방이 멋대로 다리를 꼬거나 다리를 떨기 시작하면 이야기에 집중하고 있지 않은 것이다. 지루하거나 다른 화제, 다른 곳을 찾기 위해 조급한 마음을 드러내는 행동이다. 이 행동을 보지 못하고 끈질기게 이야기를 이어 가면 그날의 대화가 엉망이 될 수 있다. 사람이 다리를 꼬고 다시 바꾸는 것은 20분에 4회 정도가 보통이다. 그 이상 자주 다리 위치를 바꾸면 슬슬 뒤로 물러날 때임을 명심하자.

대화를 지겨워하는
상대 대처법

아무리 친한 사이라고 해도 이야기가 지루하다고 직접적으로 말을 하기는 어렵다. 그러나 상대방의 신체는 지겨워하고 있다는 사인을 보내고 있을지도 모른다.

예를 들어 상대방이 자주 눈이나 코를 비비거나 턱을 괴면 불만이 있거나 동요한다는 의미다.

이는 당신의 이야기에 집중하고 있지 않다는 뜻으로 무의식적으로 얼굴을 만져서 표정을 읽을 수 없게 하는 것이다. 혹은 주먹을 쥐거나 양손을 허벅지 위에 올리고 팔꿈치를 벌리는 자세를 취한다면 이 또한 대화를 지겨워하거나 관심이 없다는 뜻이다.

이 동작은 거부를 나타내는 동작들이다. 상대방이 이런 동작을 한다면 흥미를 끌어당길 수 있는 화제를 꺼내어 편안한 환경을 만들어 주는 것이 좋다. 만약 흥미를 가지고 당신의 이야기를 듣는다면 이런 동작을 잘 취하지 않기 때문에 자신감을 가지고 이야기를 이어 가면 된다.

거리를 보면
친밀도를 알 수 있다

두 사람이 있을 때 그들의 친밀도는 거리를 보면 금방 알 수 있다. 두 사람의 거리가 가까울수록 친한 사이다. 사람마다 다른 사람이 넘어오는 것을 원하지 않는 개인적 영역이 있다. 이것을 '퍼스널 스페이스'라고 하며 친밀도에 따라서 이 범위는 달라진다.

업무상 관계라면 약 1.2~3미터, 친구 사이라면 50센티~1.2미터, 연인이나 가족 사이라면 50센티 이하 정도다.

보통은 서로의 관계를 의식하면서 이 거리를 지킨다. 그런데 가게에서 상품을 고르고 있을 때 묘한 거리감으로 가까이 다가와 이것저것 설명하면서 말을 거는 직원이 있다. 이는 퍼스널 스페이스를 기습하는 판매 기술이다.

모르는 사람이 갑자기 퍼스널 스페이스에 들어온다면 긴장하게 되지만 상대방 입장에서는 가까이에서 말을 거는 편이 설득하기 쉽다. 손을 뻗으면 닿을 정도의 거리는 친근감을 어필하는 효과가 있기 때문에 상대에게 호감을 얻기도 쉽다. 그래서 결국 상품을 구매하도록 만든다.

상대방이 몸을
좌우로 흔들 때 주의점

누구나 상대방이 시계를 슬쩍슬쩍 보면서 신경을 곤두세우거나 초조해한다면 이야기를 마무리해야 할 때임을 알 수 있다. 그러나 이렇게 분명한 동작 외에도 상대방의 마음을 읽을 수 있는 방법이 있다.

예를 들어 상대방이 몸을 좌우로 흔들고 있다는 느낌이 들면 이 행동에는 '그만 돌아가고 싶다'는 심리가 숨어 있음을 알아야 한다. 이 동작은 체중 이동을 하기 위해 하는 행동이다. 한쪽 다리에 중심을 두는 것은 일어서려는 준비이지만 현실에서는 이야기를 마무리하고 일어날 수 있는 상황이 아니다. 이런 복잡한 심경이 좌우로 움직이며 다리에 체중을 실어서 하는 동작으로 나타난다. 말 그대로 엉덩이를 가만히 두지를 못하는 것이다.

물론 장시간 의자에 앉아 있으면 몸이 뻐근해서 조금씩 몸을 움직인다. 그렇지만 빈번하게 체중 이동을 한다면 단순히 피로나 결림을 해결하는 움직임이 아니라 돌아가고 싶은 마음이 표현된 것으로 봐야 한다.

6

몸짓이 말하는
심리학

심리가 불안정하면
몸을 움직이지 않는다

누구나 이야기를 할 때 자연스럽게 몸을 움직인다. 그런데 갑자기 말을 하는 사람이 몸을 움직이지 않는다면 어색함을 느꼈기 때문이다. 이탈리아 볼로냐 대학교의 연구에 따르면 사람은 어색함이나 부끄러움을 느끼면 신체가 경직되는 반응을 보인다고 한다.

가장 현저하게 나타나는 증상이 양손을 포개거나 의자의 팔걸이를 잡고는 미동조차 하지 않는 것이다. 입은 일자로 당겨서 다물고 시선도 거의 움직이지 않는다. 또 안 좋은 소식을 들었거나 거짓말할 때도 그렇다. 심리가 불안정하거나 불편한 상태이기 때문에 동작도 자연스럽지 않고 몸의 움직임도 적어진다.

거짓말할 때는 몸짓이나 손짓 때문에 거짓말이 발각될까 두려워 무의식적으로 움직이지 않는다.

이럴 때는 상대가 진실을 말할 수 있도록 추궁하거나 화제를 돌리는 등 상황에 맞게 대처해야 한다. 한편 수줍음을 잘 타는 사람은 원래부터 손의 움직임이 적기 때문에 성격을 알 수 있는 수단일 수도 있다.

등을 구부리면
자신감이 없어진다

등 근육이 곧게 뻗어 있는 사람과 고양이 등처럼 구부리고 있는 사람의 인상은 아주 다르다. 겉모습뿐만 아니라 내면도 많이 다르다. 예를 들어 고양이 등처럼 구부정한 타입은 자신 감이 없고 주위 사람들에 대한 경계심이 강하며 예민하다.

고개를 숙이는 자세는 약한 모습을 보이는 자세지만 외부의 적으로부터 자신을 지키고 싶은 심리가 있어 등을 둥글게 말아서 작게 만드는 것이다. 이런 사람은 늘 긴장하고 있어 스트레스를 받기 쉽다. 이처럼 자세는 심리를 반영하지만 반대로 자세도 심리에 영향을 미친다. 등 근육을 똑바로 뻗으면 기분이 긍정적으로 변하며 반대로 고양이 등처럼 하면 자신감을 잃는다.

어느 실험에서는 고양이 등으로 테스트를 받았을 때가 등 근육을 똑바로 뻗었을 때보다도 점수가 나쁘다는 결과가 나왔다. 늘 등 근육을 둥글게 말고 있는 사람은 자신감이 없어서 악순환에 빠질 가능성이 높다. 언제나 자세를 곧게 뻗어야 인생도 순탄해진다.

올바른 사과인지
알 수 있는 방법

마음속 생각을 겉으로 표현하는 일은 중요하다. 특히 사과는 진심을 전달하는 것이 중요하며 정중한 자세가 기본이다. 이때 머리를 살짝 숙이거나 무뚝뚝한 얼굴을 한 채로 서 있으면 오히려 상대방의 기분을 더 상하게 만든다.

사과하는 마음을 표현하는 가장 큰 자세는 무릎을 꿇거나 머리를 조아리며 허리를 깊게 숙이는 자세다. 역으로 사과를 받는 쪽이 미안해지는 자세이기도 하다. 그러나 이 자세에 현혹되어서는 안 된다. 이 사람이 정말로 반성을 하고 있는지 알 수 없다.

사과를 할 때 허리를 숙이거나 무릎을 꿇는데 망설임이 없고 자세가 흐트러지지 않는다면 진심일 가능성이 높다. 그러나 망설이고 눈치를 보거나 주위를 의식한다면 자세는 자연히 흐트러질 것이다.

하지만 작은 일에도 금방 사과를 하는 사람은 솔직하게 보일 수는 있어도 어려운 상황을 그냥 지나치려 하는 전략인지 의심해야 한다.

강하게 보일 때는
뒤로 기대어 앉아라

비즈니스 매너 등을 다루는 책에서는 '협상에 임할 때는 뒤로 기대는 자세는 절대 해서는 안 되며 앞으로 향하는 자세를 취하도록 주의해야 한다'는 충고를 자주 볼 수 있다. 이는 적극적이고 긍정적인 이미지를 심어 주기 위해서다.

그렇다면 뒤로 기대어 이야기하는 사람은 비즈니스 매너가 없는 사람일까. 그렇지는 않다. 이 자세를 전략적으로 사용할 수 있다.

이 자세는 상대방에게 소극적인 이미지를 심어 주고 '지금 화가 났다' '이 협상안에 불만이 있다' 등 부정적 메시지를 전달한다. 본인은 전혀 그런 생각이 없다고 하더라도 의자에 뒤로 젖히며 앉는 모습은 건방지고 자만심이 가득한 사람으로 비칠 수 있다.

그러나 협상에서는 강한 모습을 보여야 할 때가 있다. 양보보다 적극적으로 나가 우위를 점해야 하는데, 이때 상대방에게 위압감을 주는 자세로 효과적이다. 무의식적으로 불안을 느낀 상대방은 불리한 조건도 무심코 받아들이거나 적극적으로 피하지 못한다.

뒤로 기대어 앉는 자세는 기본적으로 우위에 있다는 생각을 보인다. 만일 상대방이 이 자세를 취했다면 휘둘리지 말고 각오를 하고 협상에 임해야 한다.

기억을
되살리는 방법

친구랑 이야기를 할 때 배우도 스토리도 모두 알고 있는데도 그 영화의 제목만 생각나지 않을 때가 있다. 이런 경험은 누구나 있다.

두 사람 모두 기억이 날듯 말듯하면서 생각이 나지 않아 애를 태우는데 친구가 손발을 움직이면서 생각한다면 기억을 되찾기 위해 노력하는 것이다.

인간은 가만히 있으면서 기억을 되살리는 방법보다 신체를 움직이면서 떠올리는 방법이 쉽게 생각이 난다.

호주의 심리학자가 다음과 같은 실험을 했다. 2주 전에 생긴 일을 떠올릴 때 손발을 움직인 경우와 움직이지 않는 경우, 어떤 차이가 있는지를 비교했다. 그러자 손발을 움직인 쪽이 기억을 되찾을 확률이 2배나 빨랐다.

또 사람은 말을 하기에 앞서 신체가 먼저 움직이는 경우가 많다. '아. 그게 뭐였지' 하며 단어를 찾는 사이 손이 먼저 그것을 그리면서 표현한다. 이는 상대방이 필사적으로 기억을 되찾는 것이다. 떠오르지 않는 것이 있다면 몸을 움직여서 기억해 내도록 하자.

본심은 말보다 몸짓으로
나타난다

가장 활발하게 커뮤니케이션이 이뤄지는 수단이 말이다. 상대방을 판단하는 요소 또한 그의 말이다. 말은 그럴 듯하게 내용을 포장할 수 있기 때문에 가장 신용할 수 없는 판단 재료이기도 하다. 상대방의 본심을 알고 싶을 때는 말 그대로를 믿기보다 몸 전체에서 나오는 메시지를 민감하게 받아들여야 한다.

동물행동학자 모리스는 인간이 통제하기 쉬운 동작의 순서는 다음과 같다고 분석했다. 언어, 표정, 의도적 손짓, 무의식적으로 하는 손짓, 자세, 발의 움직임, 땀이나 안색 같은 생리적 반응 순이다. 이것들이 모두 일치하는 사인을 보내면 그 사람의 본심을 읽을 수 있다. 그러나 어떤 것은 일치하지 않고 뒤죽박죽될 가능성도 있다. 가령 말과 행동이 다를 때, 표정과 말이 다를 때이다.

심리학자 메라비언의 연구 결과에 따르면 인간이 상대방으로부터 정보를 얻는 경우, 90% 이상을 표정이나 목소리의 상태로 알아내고 이야기하는 내용은 10% 이하밖에 차지하고 있지 않다고 한다.

저자세로
좋은 인상을 준다

사람이 저자세를 취할 때 그에게 소극적, 겸손함 등의 인상을 받는다. 이런 자세를 자주 취하는 사람들은 허리를 쉽게 굽히는 경우가 많다. 붙임성이 좋으며 상대에게 겸손한 태도로 대하기 때문에 상사에게 쉽게 귀여움을 받는다. 또 거래처에도 좋은 인상을 주기 때문에 출세의 길도 빠르다. 성공한 사람의 대부분이 겸손하다는 것을 생각하면 이해가 쉽다.

물론 그중에는 자신감이 없어서 저자세를 취하는 사람도 있지만 이런 사람은 시선도 밑을 향하고 있으며 붙임성도 없어서 겸손해서 저자세를 취하는 사람과는 확연히 차이가 난다.

한편 팔을 위로 올려서 뒤로 한껏 자주 뻗는 사람은 자신감이 넘치며 자존심이 강한 경향이 있다. 당당한 모습은 상대방과의 논쟁에서는 좋지만 영업에는 어울리지 않는다.

필요 이상으로 어깨를 활짝 펴서 자신을 돋보이려는 행동은 상대방을 제압하려는 동작이다. 이 행동은 약한 자신을 감추고 싶어 하는 심리의 발현으로 주위 사람들에게 자신의 약한 모습을 보이고 싶지 않아 허풍을 떠는 행동과 마찬가지다.

상반신이 향한 방향으로
알 수 있는 사실

누군가와 나란히 앉아서 이야기를 할 때 자신에 대한 신뢰도를 알 수 있다. 만약 목만 살짝 돌려서 이쪽으로 향하고 상반신은 다른 방향을 향한다면 그다지 친한 사이가 아니거나 신뢰하지 않고 있다는 뜻이다.

그 이유는 가슴이 이쪽으로 향하지 않기 때문이다. 모두가 알듯이 가슴에는 심장이라는 중요한 급소가 있으며 무의식적으로 급소를 방어하려고 한다. 이야기를 하면서 가슴을 이쪽 방향으로 두지 않는 이유는 본인도 모르는 경계심이 있기 때문이다.

한편 얼굴만 아니라 상반신 전체가 이쪽을 향해 이야기를 한다면 경계하지 않고 방어벽을 낮춘다고 해석할 수 있다. 즉 당신을 신뢰하는 것이다.

다만 상대방이 상사이거나 윗사람일 경우는 예외도 있다. 부하에게는 특별히 신경을 쓸 필요가 없어 얼굴만 돌려서 이야기하는 사람이 더러 있는데 이때는 그가 특별한 경계심을 가지고 있다고 단정할 수 없다.

체형과 성격의
연관성

통통한 체형인 사람은 온화해 보이거나 마른 체형인 사람은 완고해 보인다는 등 겉모습을 두고 첫인상을 결정할 때가 많다. 물론 실제로 사귀어 보면 첫인상과 다른 때가 많다.

체형과 성격의 연관성을 조사한 사람이 있었다. 그는 독일의 정신의학자 에르네스트 크레치머로 비만형 사람은 쉽게 사람들과 친해질 수 있는 사교적인 경향이 있고 마른 체형의 사람은 신경질적이고 사교적이지 않은 경향이 있다고 했다. 즉 첫인상에 가까운 성향이 보인다고 했다.

하지만 뚱뚱한 사람이 늘 인간관계에서 이득을 보고 마른 사람이 손해를 보는 것은 아니다. 비만형인 사람은 기분이 좋을 때는 붙임성이 좋지만 그렇지 않은 날은 기분이 가라앉아서 가까이하기 어렵다.

이에 반해 마른 체형의 사람은 다른 사람에게 흥미가 없고 자신의 세계에 있는 것을 좋아하지만 그날의 기분에 따라서 사람을 대하는 태도가 달라지는 일은 잘 없다.

감정에 좌지우지되지 않고 담담하게 사람을 대할 수 있는 업무에는 마른 체형의 사람이 좀 더 적합할지 모른다.

신체의 어디를 좋아하냐에 따라
알 수 있는 남성의 타입

좋아하고 싫어하는 것을 판단하는 기준을 보면 그 사람의 성격을 알 수 있다. 그런데 어떤 체형의 여성을 좋아하느냐에 따라 남성의 성격을 분류할 수 있다는 실험 결과가 있다. 미국 심리학자 제리 위긴스는 여성의 가슴, 엉덩이, 다리를 크고 작게 나누어 실루엣을 만들었고 남성을 대상으로 설문조사를 했다. 먼저 가슴을 살펴보면 큰 가슴을 좋아하는 남성은 외교적이며 스포츠맨, 플레이보이 경향이 있고 작은 가슴을 좋아하는 경우에는 순종적이며 시기와 의심이 강한 경향을 보였다.

엉덩이에 관한 조사에서는 큰 엉덩이를 좋아하는 남성은 죄의식이 강하며 수동적이고 강박관념에 빠지기 쉽다고 한다. 작은 엉덩이를 가진 여성을 좋아하는 남성은 인내력이 강하지만 유희나 스포츠에 관심을 갖지 않는 경향이 있다.

마지막으로 얇은 다리를 가진 여성에게 흥미를 느끼는 남성은 자기과시욕이 강하고 남을 잘 보살피려고 하며 사교적이었다. 반대로 통통한 다리를 좋아하는 남성은 신중하며 내향적인 성격으로 참을성이 강한 사람이 많았다. 제리 위긴스의 실험이 얼마나 들어맞는지 상대방을 보면서 관찰해 볼 수 있다.

키가 큰 사람이
출세하기 쉽다

여성에게 인기가 많은 남성은 잘생긴 남성, 키가 큰 남성, 돈이 많은 남성이라고 한다. 심지어 남성의 키는 연애 대상으로서의 매력이 아니라 사회적 지위를 어느 정도 추정할 수 있는 자료가 되기도 한다.

신입사원 채용을 가정한 실험이 있었다. 같은 조건에 신장이 다른 두 사람의 응모자를 비교했더니 키가 큰 쪽을 선택한 경우가 72%, 키가 작은 쪽을 선택한 경우는 겨우 1%에 지나지 않았다.

또 미국 잡지 '월스트리트저널' 조사에 따르면 어느 대학의 신장 190센티미터 이상의 남성은 170센티미터 이하의 남성보다 10%이상 많은 월급을 받고 있다고 한다. 또 연 수입과 신장의 관계를 조사했을 때도 신장 180센티미터 이상인 사람 중 연수입이 높은 사람이 많았다는 조사 결과도 있다. 이 조사를 보면 키가 큰 사람일수록 출세, 주위의 평가, 수입에서도 유리하다는 결과가 나온다.

키가 크면 어릴 때부터 주위 사람들이 '어른'으로 볼 가능성이 높아 무리의 리더를 맡거나 여러 가지 일을 도맡아 하는 경우가 많다. 또한 신장의 차이 때문에 키가 큰 사람은 작은 사람을 내려다보고 작은 사람은 올려다본다. 이는 심리적으로도 영향을 끼친다. 본인이 키가 작다면 최대한 허리와 어깨를 펴고 당당하게 걷는 수밖에 없다. 허리를 꼿꼿이 펴고 걸으면 자신의 신장보다 3센티 커 보이는 효과가 있다고 한다.

Part 3
스타일에 숨겨진 심리

패션을 보고
마음을 읽는다

검은색 옷을 좋아하는
사람의 심리

타인의 진짜 성격은 좀처럼 알기 어렵지만 좋아하는 옷이나 물건으로 어느 정도 짐작할 수 있다. 상대가 자주 입는 옷이나 갖고 있는 물건의 색을 보자. 그중에서도 가장 파악하기 쉬운 색은 계절을 불문하고 검은색 옷만을 고집하는 사람이다. 색채 심리학에 따르면 검은색은 위압감이나 강한 주장을 나타내는 색으로 기품, 영리함, 고급스런 느낌을 떠올리게 한다. 그러니 동시에 거부와 거절의 이미지가 있다.

즉 검은색 옷만을 고집하는 사람은 상대에게 영향력을 발휘하고 싶고 위압감을 주려는 심리가 있다. 옷뿐만 아니라 시계와 가방, 모자 등 액세서리도 검은색으로 통일한다면 주도권을 갖기 위해 싸움을 많이 하는 사람인지 의심해야 한다. 그런 상대라면 양보하거나 자극하지 않는 쪽이 큰 문제를 만들지 않는다.

검정색의 반대색인 흰색을 좋아하는 사람들은 남을 잘 따르며, 다른 사람과의 조화를 이루면서 명령과 지시를 불만 없이 잘 받아들이는 경향이 있다. 그런 상대에게는 조금 강하게 나아가도 일이 잘 진행될 가능성이 높다.

직장에서 입는 옷으로
일의 경향을 알 수 있다

여성의 패션에서 남자 같은 복장을 매니쉬, 여자 같은 복장을 패미닌이라고 하는데, 직장에 입고 가는 복장을 보면 단순한 취향 이상으로 일에 대한 생각이 반영된 경우가 많다.

직장에서 바지 정장 등 매니쉬한 복장을 주로 고르는 여성은 일에서도 남성적인 경향이 있다. 즉, 경력 지향과 향상심, 자기주장과 경쟁심이 강하고, 남성과 동등하게 일을 하고자 하는 마음이 강하다.

이 타입의 여성은 성격 자체가 남성스러운 것이 아니라 직장에서는 여성스러운 부분을 보이고 싶지 않다는 표현이다. 그래서 직장에서는 남성스러운 옷을 입으나 사생활에서는 프릴과 레이스가 달린 옷처럼 여성스러운 옷을 좋아하는 사람도 있다.

반대로 스커트 등의 패미닌한 복장을 고르는 사람은 여성스러움을 감출 마음이 없으며 여성적인 부분을 이용하는 냉철함도 있다.

모노톤을 좋아하는
사람의 특징

자신에게 어떤 스타일이 어울리는지, 어떤 스타일을 좋아하는지에 따라 고르는 옷이 달라진다. 자신에게 맞는 색을 아는 사람은 그다지 많지 않다. 또 맞는 색과 좋아하는 색이 반드시 일치하지도 않는다. 그래서 옷을 고를 때 많은 고민을 한다.

옷뿐만이 아니라, 가지고 있는 물건이나 인테리어를 꾸밀 때도 좋아하는 스타일과 어울리는 스타일이 다를 때가 있다. 많은 이가 좋아하는 스타일을 선택하는데 이에 따라 성격을 알 수 있다.

검정이나 흰색을 바탕으로 한 모노톤의 의상이나 가구를 좋아하는 사람은 다른 사람과 복잡하게 얽히는 일을 좋아하지 않는다. 사생활에서는 자신의 영역을 분명히 정하여 그곳에 비집고 들어가는 것을 싫어하고 자신에 관한 이야기를 쉽게 말하지도 않는다. 모두 들떠 있는 상황에서도 혼자서 가라앉은 분위기를 내는 사람이기도 하다.

기분이 좋아 오버를 하거나 추태를 부리는 일은 결코 없지만 친근감을 주는 일도 없다. 하지만 모든 사람이 그렇지는 않다. 그들 중에는 '쿨하게 보이고 싶다'는 이유로 모노톤을 즐겨 입는 사람도 있다.

그런 경우에는 옷의 색만으로는 감출 수 없는 인간미가 보일 수 있다.

옷 스타일을
자주 바꾸는 이유

TPO에 따라 복장의 분위기를 바꾸는 것은 사회인의 매너이지만 이와 상관없이 옷을 취향에만 맞추어 입는 사람이 있다. 그런데 취향이 자주 바뀌는 사람이라면 좀처럼 이미지를 잡기 어렵다.

옷과 액세서리는 물론 헤어스타일도 완전히 바꾸기 때문에 사람들은 더욱 혼란스러워한다. 언제나 이미지 변신을 하는 사람은 사실은 자기 자신도 이미지를 제대로 잡지 못하는 경우가 많다.

지금까지 자신이 마음에 들지 않아 좀 더 다른 자신이 되고 싶다는 마음이 크기 때문에 옷차림을 바꾸면서 자기 부정을 하고 변신을 반복하는 것이다. 새로운 이미지도 마음에 들지 않아 금방 싫증내며 시행착오를 반복한다.

아직 자신을 완전히 파악하지 못한 사람이다. 본인이 어떤 사람인지 파악하고 어떤 방식으로 살아가는지 확고히 정한다면 옷의 취향에도 일정한 이미지가 생긴다.

그때까지는 주위에서 패션의 수많은 변화를 지켜볼 수밖에 없다.

유행을 고집하는 사람이
진짜 원하는 것

유행하는 브랜드를 좋아하는 사람은 남녀를 불문하고 많이 있다. 빠르게 변하는 유행을 민감하게 받아들일 줄 아는 사람이기도 하지만 유행에 구애받는 사람일 수도 있다. 특히 후자의 경우 '유행에 뒤처지고 싶지 않다' '모두와 같은 옷을 입고 싶다'는 심리가 강하다. 그런 사람은 유행이 변하면 소지품과 복장도 바꾼다. 유행에 따라 옷차림도 크게 바뀌는 것이다. 있는 그대로의 자신을 들여다보기 싫어하며 애정을 갖지 못한다. 어떤 콤플렉스가 있기 때문에 유행에 휩쓸리는 것이다. 많은 사람이 선택하는 옷을 입고, 액세서리를 하는 것이 가장 안전하고 좋아 보인다고 생각한다.

누구나 콤플렉스를 가지고 있고, 유행에 영향을 받기 때문에 그 자체는 나쁘지 않다. 하지만 정도가 심하면 개성이나 자존감을 잃을 수 있다. 이러한 타입의 사람은 주어진 일은 정확히 처리하고, 체제에서 벗어나는 일은 하지 않는다. '모두와 같다'는 사실만으로 안심하고 활력이나 모험심이 부족한 면도 있다. 유행하는 브랜드만 고집하는 사람이 정말로 원하는 것은 남들과 같다는 데서 오는 '안심'인지도 모른다.

입고 있는
옷 색깔로 보는 성격

옷차림에서 나타나는 색의 취향은 주로 성격이나 이상을 표현한다.

빨간색을 좋아하는 사람은 적극적이고 정열적인 성격이다. 야심이 강해서 현재 위치보다 위로 올라가고 싶어 하며 과감하게 이를 실행할 줄 안다. 연애에 관해서도 적극적이나 감정 기복도 극심하며 다른 사람에게 강압적인 부분도 있다.

파란색을 좋아하는 사람은 자제심이 강하고, 차분하며 지적으로 행동한다. 감정적으로 변하는 일을 피하기 위해서 연애에 관해서는 신중한 타입이다.

흰색을 좋아하는 사람은 순수하고 성실하며, 다소 결벽성이 있다. 타협을 싫어하고 노력을 아끼지 않는 한편, 고지식하고 완고한 일면도 있다.

녹색을 좋아하는 사람은 온화하고 성실한 사람이 많고, 일에 한번 몰두하면 꾸준히 하는 타입이다. 갈색을 좋아하는 사람은 언뜻 보기에 수수하지만, 굳은 의지를 가진 사람이다. 책임감이 강하고, 다른 사람을 잘 돌봐 주고 믿음직스러운 점도 있다.

검정색을 좋아하는 사람은 지적이고 세련된 품위가 있으며 속물처럼 보이는 일을 싫어하고, 조금 까다로운 측면도 있다.

좋아하는 색깔과 성격이 일치하지 않는다면 그 색이 가진 이미지를 동경하고 있는 것으로 볼 수 있다.

화려한 옷차림을
좋아하는 이유

체형의 선을 강조하듯이 섹시하고 화려한 옷차림을 좋아하는 여성은 기가 세고 적극적으로 보이지만, 실은 그 반대의 경우도 많다. 과하게 화려한 복장은 인간관계에 대한 불안을 표현하기 때문이다.

다른 사람과 자신이 떨어져 있으면서 구분 짓는 경계를 '신체상 경계'라고 한다. 대부분은 옷이 그 경계에서 다른 사람과 있을 때 거리감을 유지하기 위한 역할을 한다.

하지만 이 경계가 희박한 사람이 있다. 다른 사람과 자신의 경계를 인식하기 힘들고, 대수롭지 않은 말에 깊은 상처를 받기 때문에 언제나 타인과의 관계에서 불안을 안고 있다.

화려한 옷을 입는 일은 다른 사람과 자신의 차이를 분명히 하는 데 도움이 된다. 게다가 피부에 밀착된 옷을 입음으로써 그 경계를 분명히 하고 불안을 해소할 수 있다.

화려함이나 섹시함과 비례해서 잠재적 불안감도 강해지므로 겉으로 보이는 인상에 현혹되지 말고, 따뜻한 배려와 자상함으로 상대에게 다가가야 함을 알아 두자.

미니스커트에 대한
오해

나이를 먹어도 미니스커트를 입고 있는 여성은 섹시함을 어필해서 남성의 흥미를 끌고 싶어 한다고 생각하는 사람이 많다. 하지만 이는 오해이며 자칫 잘못하면 엄청난 실수를 할지도 모른다.

심리학에서는 성별에 관계없이 다리를 남성 성기의 상징이라고 한다. 즉 미니스커트로 다리를 노출하는 행동에는 마음속에 있는 남성적인 부분을 강조한다는 심리가 숨겨져 있다.

언제나 미니스커트를 입는 여성은 의식하는 것 이상으로 남성처럼 살고 싶어 한다. 강하고 권력이 있으며 주류가 되고자 한다. 여성의 사회 진출이 활발해지고 있지만 아직 약자의 입장에 있기 때문에 이에 대한 대항 의식을 갖고 있는 경우도 많다.

서두에 말했던 섹스어필, 즉 성적 매력을 보이는 일과는 정반대의 심리이다. 이러한 여성은 친구나 동료가 의지할 수 있는 성격으로 무리의 리더 역할을 하거나 다른 사람을 잘 보살펴 주며 적극적이고 일도 잘한다. 옷차림만 보고 경솔하게 판단했다가는 호되게 한 방 먹을 것이다.

어떤 색깔 와이셔츠를 선호하느냐에 따라
성격도 다르다

남성 직장인의 옷이 흰색 와이셔츠로 상징되던 때는 지났다. 다양한 색상의 셔츠가 늘었고 옷차림에도 상당한 변화가 생겼다. 외투나 넥타이 색에 맞춰 와이셔츠 색을 고르고 특별한 날에는 밝은 색상의 와이셔츠를 입는다. 그러나 언제나 변함없이 흰색 와이셔츠만 입는다면 그 사람은 '무난한 것이 제일 좋다'는 생각이 강한 사람이다.

물론 옷에 대해 일일이 생각하는 일은 성가시지만 이런 타입은 늘 무난한 것만 고집하기 때문에 함께 있으면 재미가 부족할 수 있다.

한편, 파란색 와이셔츠를 좋아하는 사람은 지적인 샐러리맨으로 보이고 싶어 하며 연한 핑크색 와이셔츠를 좋아하는 사람은 원만한 인간관계를 바라기 때문에 온화한 성격인 사람이 많다. 노란색이나 크림색은 사교적으로 인간관계의 폭을 넓히고 싶다는 심리를 나타낸다.

와이셔츠를 고르는 색의 취향에 따라 그 사람의 성격이나 기분을 알 수 있다. 여러분의 직장을 둘러보면, 어떤 색의 와이셔츠가 가장 많은가.

빨간색 넥타이를 매면
강력함을 드러낼 수 있다

프레젠테이션이 있는 날에 상사가 빨간색 넥타이를 매고 왔다면 상당히 기세가 충만한 상태임을 짐작할 수 있다. 빨간색 넥타이는 강력함을 어필할 수 있으며 동시에 '나를 따르면 성공할 수 있다'는 메시지를 상대에게 전하는 힘이 있다.

실제로 빨간색 넥타이는 존 케네디나 오바마 대통령도 대선이나 취임 연설 등에서 착용하였으며 미국에서는 일명 '파워 타이'라고 불렸다. 빨간색이 정열의 상징으로 불리는 것처럼 넥타이만이 아니라 빨간색에는 강한 에너지를 느끼게 하는 힘이 있다.

그래서 프레젠테이션 등 중요한 발표가 있을 때 몸에 걸치면 스스로 북돋우는 일과 다른 사람의 시선을 집중시키는 일이 가능하다. 그렇다고 해서 상사를 따라 똑같이 빨간색 넥타이를 매고 프레젠테이션에 동행하는 일은 하지 않는 편이 좋다. 파워 타이를 매고 있는 사람이 쭉 늘어서 있으면, 서로 위압감과 경계심을 주고 상대방을 자극할 수 있다.

어디까지나 파워 타이는 주역에게 양보하고 동행자는 연노란색이나 연파란색 정도로 해 두자.

비슷한 옷을 고른 사람에게
호감을 느낀다

첫 대면인데도 호감이 가는 상대를 만났다면 여러 요인이 있겠지만 상대의 복장을 확인해 보자. 자신과 비슷한 스타일의 옷을 입은 것은 아닐까.

인간은 자신과 비슷한 사람에게 호감을 갖기 쉽다. 그래서 집단 속에서 개인과 개인이 친밀한 인간관계를 맺을 때 얼굴이나 체형, 패션, 관심사 등이 비슷하다면 더욱 가까워질 수 있다.

커플이나 친구들끼리 옷차림, 취미, 취향이 비슷한 이유도 유사성의 법칙으로 설명할 수 있다. 유유상종이라는 말처럼 비슷한 타입끼리 어울려 다니며 사이좋게 지낸다.

옷차림의 취향에도 내면이 나타난다고 여러 번 밝혔듯이 옷차림이 비슷한 사람은 성격이나 사고방식도 닮은 부분이 많다.

이 법칙을 숙지해 집단 속에서 자신과 비슷한 생각을 가질 만한 상대를 알아보는 일이 가능하다. 기억해 두면, 비즈니스도 원활하게 진행할 수 있을지도 모른다.

구두 색깔로 보는
성격

멋을 부릴 때는 발끝까지 신경을 써야 한다고 한다. 신발의 색이나 발끝을 멋 부린 정도에서도 성격을 알 수 있다. 먼저 신발을 몇 십 켤레나 가지고 때와 상황에 맞춰서 바꿔 신는 사람은 세세한 곳까지 신경을 쓰는 사람이다. 쉽게 신경 쓰지 않는 구두에도 신경 쓰는 행동은 다른 사람이 눈치채지 못하는 것까지 신경을 쓴다는 뜻이다.

덧붙여서 말하면 갈색 계열의 신발을 좋아하는 사람은 다소 유아적인 성격이다. 자신을 억제할 수 있는 사람이 검정색을 좋아하는 것과 대조적으로 어딘가 제멋대로에 자유분방한 사람이 갈색을 좋아하는 경향이 있다.

또 검정색을 좋아하는 사람은 기분 전환으로 갈색을 구입하기도 한다. 하지만 갈색을 좋아하는 사람은 신발 가게에서 몹시 고민하다가 끝내 갈색 계열의 신발을 고르는 유형이다.

좋게 말하면 취향이 확고한 사람이지만 바꾸어 말하면, 좋고 싫음을 굽히지 않는 완고한 사람이다.

신발 끈으로 보는
성격

신발은 그 사람의 성격뿐만 아니라 생활 방식도 알려 준다. 옷만큼 관심을 받지 못하는 신발이지만 깨끗한 상태를 유지하며 늘 관리를 한다면 어떤 일에도 대충하는 법이 없는 사람임을 알 수 있다. 반대로 아무리 잘 차려 입어도 상태가 더러우면 깔끔하지 못한 생활을 볼 수 있다.

신고 있는 신발에 끈이 달려 있는지 아닌지도 주목할 필요가 있다.

우선 끈이 없는 신발을 주로 신는 사람은 귀찮은 일이나 불필요한 일을 싫어하는 성급한 타입이 많다. 매일 아침 여유 없이 아슬아슬하게 도착하는 사람도 이런 타입이지만 실용적 부분을 중요하게 생각해 합리적으로 행동한다.

반면 끈이 달린 신발을 신는 사람은 모든 일에 여유를 가지고 해내는 타입이다. 바쁜 아침에도 현관에서 신발 끈을 제대로 맬 정도로 여유가 있는 사람이 많다. 하지만 신중하고 보수적인 면을 가지고 있어서 융통성이 없는 타입이다.

신발을 현관에 어질러 놓은
사람의 내면

연인의 집을 방문한다면 현관의 신발이 잘 정돈되어 있는 지를 확인해 보자. 신발 몇 켤레가 너저분하게 흩어져 있다면 속박을 싫어하고 자유분방한 성격일 가능성이 높다. 심한 경우 바람기를 의심해 볼 수 있다.

이렇게 여러 켤레의 신발이 흐트러져 있는 것은 정리는 서툴지만 외출할 때 어느 신발을 신을지 고민한다는 증거이기도 하다. 옷이나 그날의 예정에 맞추어 '이것을 신고 갈까' '아니면 저걸 신고 갈까' 하며 이것저것 신고 벗고를 반복한 결과 현관이 어질러졌을 것이다. 이를 이성과의 관계에서도 대입할 수 있는데 심리학적으로 신발을 성의 상징으로 보기 때문이다.

즉 신발을 고를 때 오랫동안 고민하는 사람은 많은 이성에게도 눈길을 주기 쉽다. 성에서도 자유분방하여 한 사람에게 얽매이지 않는 타입이 많다.

물론 단순히 정리하지 못하는 사람이나 수납공간 부족으로 신발이 어질러져 있는 경우도 있을 것이다. 현관뿐 아니라 방의 정리 상태도 보고 연인이 바람기가 있는지 없는지 판단해 보자.

신발로 배려심도
알 수 있다

고급 호텔 종업원은 손님의 신발을 본다고 한다. 관리가 잘 되어 있는 신발, 고가의 신발을 신는 사람이 경제적으로 여유가 있으리라는 예상은 누구나 쉽게 할 수 있다.

하지만 신발을 보면 주머니 사정뿐 아니라 내면까지도 들여다볼 수 있다. 여러 차례 말했지만 신발은 패션 소품 중 가장 밑에 있어서 비교적 눈에 띄지 않는다. 옷이나 장신구에 비하면 눈에 띄기 힘들다.

따라서 보통은 간과하기 쉬운 신발에도 돈이나 시간을 들이는 행동을 보았을 때 사소한 것까지 신경 쓰는 섬세한 성격임을 알 수 있다. 단순한 일에도 세심하게 신경 쓰며 마무리도 깔끔하게 한다.

이것은 비싼 신발을 신는 사람에게 국한되는 이야기가 아니다. 적당한 가격의 신발을 신었어도, 복장이나 상황에 맞춰 신발을 맞추어 신는 사람도 배려심이 많고 여러 사람이나 상황을 두루 살피는 타입이다.

언뜻 눈에 띄지 않는 신발에 대한 고집은 치밀함과 세세한 배려를 드러내는 것이다.

스트레스가 쌓이면
구두의 뒤축도 닳는다

    멋을 아는 사람은 구두에도 신경을 쓰기 마련이지만, 구두의 뒤축까지 신경 쓰는 사람은 좀처럼 없지 않을까? 옷은 매일 갈아입어도, 구두를 매일 갈아 신는 사람은 잘 없다. 그래서 놓치기 쉬운 심리 상태가 반영되는데, 그중에서도 구두의 뒤축으로 스트레스 크기를 알 수 있다.

    남성은 회사에서 구두를 신는 사람이 많을 것이다. 대부분 정기적으로 더러워진 부분을 지우거나 닦는다.

    만약 더럽거나 뒤축이 닳은 구두를 신는 사람이 있다면 단순히 꼼꼼하지 못한 성격일 수도 있으나 구두 손질에 쏟을 시간도 없을 만큼 바쁜 생활을 하고 있을 것이다.

    더럽거나 뒤축이 닳은 정도를 눈치채지 못하고 있다면 상황은 더욱 심각하다. 고민이나 불안 때문에 마음에 여유를 잃은 상태로, 상당한 스트레스를 떠안고 있다.

    즉, 뒤축이 닳은 구두는 '마음이 지쳐서 닳아빠진 상태'로 바꿔 생각할 수 있다. 그 사람에게 필요한 것은 깨끗한 구두가 아닌 스트레스 해소법이다.

2

액세서리로
성격을 읽는다

머리 모양을
자주 바꾸는 이유

옷과 마찬가지로 헤어스타일에도 유행이 있다. 그런데 유행에 맞춰 쉽게 헤어스타일을 바꾸는 사람은 어린아이 같은 면이 있다.

대중매체에 화제를 몰고 다니는 인기 모델이나 아이돌의 머리 모양을 보고 '이 스타일을 하면 저 사람처럼 될 수 있다'라고 생각하며 따라 하는 행동은 어린아이의 모방 행동과 같다. 이러한 상태를 심리학적으로 '투영'이라고 한다. 동경하는 사람처럼 되고 싶어 하는 소망을 헤어스타일 등을 따라 하는 행위로 만족하는 것이다.

아이뿐만 아니라 어른도 이런 행동을 하지만 지나치면 개성이나 스타일은 물론 자존감이 낮아질 수 있다. 유행에 민감하여 세간의 흐름을 잘 타는 반면, 타인에게 휩쓸리기 쉽다.

이런 사람이 머리 모양을 바꾸고 왔다면 자신에 대한 호감도를 올릴 수 있다. "오늘 머리 이쁘네" "머리 모양 진짜 잘 어울려" 등으로 칭찬해 보자. 다소 과장을 섞어도 된다. "아니야, 별로"라며 겸손한 태도를 취하면서도 속으로는 아이처럼 기뻐하고 있을 것이다.

짧은 머리와 긴 머리 여성의
성격 차이

여성에게 헤어스타일은 중요한 자기표현 중 하나이다. 그런 이유로 헤어스타일로 그 사람의 성격이나 심리 상태를 알 수 있다.

일반적으로 짧은 머리와 긴 머리 중에 어느 쪽을 좋아하는지에 따라 성격을 가늠할 수 있다. 먼저, 짧은 머리는 얼굴 전체를 가릴 수 없고 전부 다른 사람에게 보이기 때문에 얼굴형 뿐만 아니라 내면까지 자신감이 있는 사람이 많다. 현재의 자신에게 만족하는 사람이 주로 고르는 헤어스타일이다.

여성스러움이나 얌전함은 조금 덜하지만 활발한 인상을 주는 스타일 그대로 활동적이고 개방적인 여성이 많다.

반면에 긴 머리의 여성은 머리카락으로 얼굴의 일부분을 가리는데, 단순히 자신감이 없음을 나타내는 것이 아니다. 자신을 억제할 줄 알고 자신의 이미지를 객관적으로 보고 만들어내는 냉정함을 가지고 있는 사람이 많다. 게다가, 긴 머리는 남성에게 매력적으로 보일 수 있게 연출하기도 쉽다. 연애에 대해서도 여성스러운 부분을 적극적으로 드러내는 타입이다.

헤어스타일로 보는
인생관

흔히 은행원은 고리타분하고 딱딱한 이미지, 디자이너나 카메라맨은 자유분방한 이미지로 직업에 따라 성격을 예상한다. 그런데 이런 직업을 가진 남성들의 생활 방식을 짐작할 수 있는 열쇠가 헤어스타일임을 알고 있는가?

은행원이 짧은 머리에 7대 3으로 가르마를 정갈하게 나눈 헤어스타일이라면 그는 조직이나 단체의 룰을 충실히 따르는 사람이다. 주위와 조화를 이루고 잘 맞춰 주고 튀는 것을 싫어하며 무난한 길을 선택하는 경향이 있다.

만일 평범한 회사원이 삭발을 하거나 기발한 헤어스타일을 고른다면 자기를 긍정적으로 바라보는 사람이다. 타인의 시선을 중요하게 생각하지 않고 자신의 의견을 주장하는 데 익숙하다. 조금 강압적이긴 해도 무리를 잘 이끌어 가는 리더 역할을 잘할 수 있다.

다만, 직업에서 연상할 수 있는 머리 모양이 아닌 사람 중에는 의도적으로 주변에 강한 인상을 주고자 하는 사람도 있다. 그들은 목적을 위해서라면 수단을 가리지 않고, 경쟁의식이 강하므로 능력이 있는 반면에 적이 많아지기 쉽다.

귀를 머리카락으로
덮는 심리

남자든 여자든 머리 모양으로 성격을 알 수 있는 예를 들어왔는데, 머리 모양과는 관계없이 주목해야 할 점이 귀를 가리느냐 가리지 않느냐이다.

귀는 외부의 정보를 받아들이는 창문의 역할을 한다. 그런 귀를 머리카락으로 덮는 사람은 바깥세상과 단절하고 혼자 있고 싶다는 심리를 표현하는 것이다.

요컨대, 귀를 머리카락으로 덮어 가리는 사람은 대인관계가 서툰 타입이 많다. 이야기 도중에 상대방이 머리카락으로 귀를 덮는 듯한 행동을 보이면 '그 이야기는 듣고 싶지 않다' '혼자 있고 싶다'라는 심리를 나타내는 것이다. 그럴 때는 화제를 바꾸거나 빨리 이야기를 끝내는 편이 좋다.

반대로, 한창 이야기를 하는 중에 머리카락을 귀 뒤에 넘겨 걸거나 이쪽으로 귀를 향하듯이 기울이면 '이야기에 흥미가 있다'는 마음을 나타낸다. 일에서도 연애에서도 이유가 있는 사인이다. 눈은 입만큼 말을 한다고 하는데, 귀도 그에 지지 않고 심리 상태를 이야기하는 부분이다.

명품으로 치장한 사람이
두려워하는 것

　언제나 고가의 명품으로 자신을 꾸미는 사람과 수수한 차림으로 심플한 모습을 하는 사람이 있지만 어느 쪽이 자존감이 높을까? 첫인상을 봐서는 명품을 차려 입은 사람이지 않을까? 눈에 띄는 고급 물건이나 화려하고 빛나는 소품으로 자신을 꾸밀 수 있는 사람은 타인의 시선이 집중되어도 동요하지 않는 강인함을 갖고 있는 것처럼 여겨진다.

　하지만 다른 사람의 시선을 의식하는 사람은 겁이 많은 경우가 많다. 자신은 타인과 다른 특별한 존재로 인정받고 싶고 사회적 위치가 높고 경제적으로도 여유가 있는 모습을 과시하고 싶어 한다. 다른 사람들과는 다르고 싶다는 심리가 있어서 평범한 사람처럼 보이는 일을 두려워하는 것이다.

　반대로, 대부분 액세서리 없이 깔끔하고 단정한 옷차림을 하는 사람이 내면은 강하다. 다른 사람의 눈에 어떻게 비치는지를 별로 신경 쓰지 않고 자신 그대로를 보여 주며 살아갈 수 있기 때문에 스트레스도 적고 정신적으로 안정되어 있다.

　겉모습의 화려함에 휩쓸리지 않고 상대의 속내를 제대로 파악하자.

인정받고 싶을수록
액세서리가 늘어난다

여성이 액세서리를 지니는 행동은 예쁘게 보이기 위한 연출이고, 아름답게 치장해서 자신의 가치를 높이고 싶은 마음의 표출이기도 한다. 액세서리가 많을수록 허세의 정도도 높다고 할 수 있지만 그만큼 자신이 없고, 마음이 약하고, 외로움을 잘 타는 것이다.

타인에게 인정받고 싶은 마음을 '승인 욕구'라고 하는데, 여성은 자신을 아름답게 보이는 것으로 이 욕구를 충족시키려는 경향이 있다.

얼굴과 목, 손에 차는 액세서리는 타인으로부터 눈에 띄기 쉽고 칭찬받을 수 있는 경우도 많지만 칭찬받고 싶고 인정받고 싶다는 승인 욕구가 강할수록 몸에 치장하는 액세서리의 수가 늘어난다. 그래서 액세서리를 과다하게 치장하는 여성은 칭찬받고 싶은 마음이 강한 타입으로 볼 수 있다.

또 평소에는 액세서리를 하지 않다가 갑자기 하는 사람은 실의에 빠진 일이 있었을 가능성이 높다. 활달하게 보여도 자신감을 잃어버린 때이므로, 신경 써서 살펴보자.

액세서리 위치로 아는
콤플렉스

몸의 어느 부분에 액세서리를 하고 있는지가 그 사람의 고집이나 콤플렉스를 암시하는 경우가 있다. 예를 들어 여성이 가슴 부분에 눈에 띄는 펜던트를 하는 경우, 상대방의 시선을 가슴에 유도하고 싶거나, 가슴에 자신이 없기 때문에 액세서리의 힘을 빌리고자 하는 것이다.

모양이 큰 귀걸이나 피어싱 등을 한다면, 얼굴 주변에 주목받고 싶은 심리의 표출이다. 외모에 자신이 있거나 액세서리의 화려함으로 더욱 아름답게 보이고 싶은 것이다.

어느 쪽이든 간에 그곳을 주목받길 원한다는 공통점이 있다. 그러나 자신이 있는지 없는지는 별개이므로, 이를 보고 상대의 외모를 직접 칭찬하는 일은 위험 부담이 있다. 칭찬이 오히려 본인의 콤플렉스를 자극할 수도 있다.

이때 가장 효과적인 칭찬은 액세서리를 칭찬하는 것이다. 상대의 결점을 건드리는 일도 없고, 봐 줬으면 하는 포인트에 주목하고 있음을 전할 수 있다. 자연히 호감도도 올라갈 것이다.

불안한 사람일수록
피어싱을 한다

성별과 관계없이 여성뿐만 아니라 남성도 피어싱을 하는 모습을 볼 수 있다. 하지만 귀는 물론 코와 입술 등 온갖 곳에 피어싱을 한 사람은 그다지 흔하지 않다.

심리학적으로 볼 때 피어싱에도 메시지가 숨어 있다. 이는 현재 상황에 대해 불만이 있지만 해결하는 방법을 찾지 못한 반항심의 표현 수단이다.

피어싱의 수는 불만의 정도와 비례한다. 얼굴에 피어싱 투성이인 사람은 그만큼 불만이 많은 사람이다. 그 반동 때문에 특별한 존재로 보이고 싶은 욕구가 강해서, 때로는 반사회적인 태도를 취하기도 한다. 또는 동료 의식이 강하고 외부인을 배제하려는 경향이 있다. 그것은 같은 불만을 가지고 있는 사람끼리 서로 위로해 주고 싶은 친화 욕구의 표출이다.

배꼽과 성기 등 다른 사람이 보지 못하는 부분에 피어싱을 하는 행동은 타인과의 관계보다 자기의 세계를 소중하게 하고 싶다는 심리의 표출이기도 하다. 즉 자기 도취형의 나르시시스트라고도 할 수 있다.

항상 선글라스를 쓰는
사람의 불안

선글라스는 단순히 햇빛 가리개용이 아니라 패션 아이템의 하나이다. 그래서 실내에서나 햇빛이 강하지 않은 계절에도 선글라스를 쓰는 사람이 있다. 그들 중 일부는 멋을 내기 위해서가 아니라 마음의 나약함을 감추기 위해 선글라스를 쓰는지도 모른다.

마음의 상태를 가장 잘 드러내는 것은 눈이다. 눈을 보면 현재 심리 상태를 알 수 있기 때문에 눈을 감추려는 행위는 심리적 동요와 불안을 들키고 싶지 않아서다. 게다가 언제 어디서든 선글라스를 놓을 수 없다면 아무리 제멋에 빠져 있는 것처럼 자유분방하게 굴어도 마음이 약한 사람이다.

시험 삼아 선글라스를 벗기면, 뭔가를 두려워하는 눈이나 제대로 시선을 마주치려고 하지 않는 모습을 볼 수 있을지도 모른다. 선글라스를 쓰고 있기 때문에 안정적으로 말할 수 있고, 강한 태도도 보일 수 있다.

그렇게 생각하면 선글라스를 쓴 사람이 앞에 있다고 해서 긴장하지 않아도 될 것이다.

금속테 안경을 쓰는
사람의 내면

'안경은 얼굴이다'라는 광고가 있다. 안경으로 인상이 달라지고 이미지를 바꿀 수 있으며 개성을 드러낼 수 있다. 말 그대로 또 하나의 얼굴인 셈이다.

안경에도 유행이 있는데, 비즈니스를 하는 사람들이 가장 많이 쓰는 안경이 금속테 안경이다.

이성적이고 능력 있는 남성의 이미지를 연출하기 위해 금속테를 선택하는 사람이 많지만 금속테를 좋아하는 사람 중에서는 이성적이기보다 뜨거운 감성을 따르는 타입이 많다.

그럼 왜 차가운 인상을 줄 수 있는 금속테를 일부러 선택하는 걸까? 이는 지나치게 감성적이고 열정적인 면이 있기 때문에 금속테 안경을 씀으로써 이미지를 바꾸려는 것이다. 그래서 이런 사람을 술자리에 부르면, 술기운을 못 이기고 자신의 주장만 하거나 인간미 느껴지는 면을 보이는 등 예상하지 못한 발견을 할 수도 있다.

예리하고 냉철한 이성이 있는 사람이라고 결단내리기 전에 한번 자리를 만들어 보면 안경의 뒤쪽에 숨은 얼굴을 볼 수 있을지도 모른다.

안경 색으로
알 수 있는 성격

안경은 그 사람의 인상을 만들 수 있는 액세서리다. 안경에 따라서 자신의 분위기를 절묘하게 연출하기도 한다. 즉 안경 디자인을 선택하는 일은 자신이 보이고 싶은 이미지를 고르는 일과 같다. 또한 자기의 본질을 숨기고 싶은 심리도 있다.

예를 들면 굵은 검은테는 개성적으로 보일 수 있지만 이 안경을 선택한 사람은 실제로는 존재감이 적어 주목받지 못하는 타입이 많다. 그 때문에 자신의 존재를 더욱 강렬하게 드러내고 싶어 개성 있는 인상을 주는 굵은 검은테 안경을 고르는 것이다.

마찬가지로 부드러운 인상을 주는 황갈색 테를 고른 사람은 실제로는 고지식한 사람이 많다. 본인도 성실하고 고지식한 부분을 자각하고 있고 마음속 깊은 곳에서는 그런 자신을 바꾸고 싶다는 생각도 있다. 하지만 사람의 성격은 그렇게 간단하게 바꿀 수 없기 때문에 안경을 써서 인상만이라도 바꾸려는 것이다.

첫 대면 등에서 상대가 쓰는 안경을 보면 어떤 이미지를 가지고 싶어 하는지를 알 수 있다.

안경의 형태에
따른 성격

안경을 자세히 보면 생각보다 디자인이 다양함을 알 수 있다. 색상은 물론 어떤 모양을 선택하느냐에 따라서 그의 성격을 간단하게 알아낼 수 있다.

예를 들어 양 끝이 가늘게 올라간 테를 고른 사람은 자아가 강하고 자기주장이 확실하다. 드라마 등을 보면 심술이 많은 부잣집 부인 역할을 한 배우가 이런 모양의 안경을 쓰는 경우가 있는데, 그 이미지대로 예민하고 허세를 부리는 타입이 많다.

반대로 달걀을 옆으로 놓은 것 같은 동그란 디자인의 안경을 좋아하는 사람은 온화한 타입이다. 협동심이 강하여 주위에 자신의 주장을 고집하는 일은 거의 없지만 결단을 잘 내리지 못하거나 거절을 못하는 면도 있다.

각진 안경을 쓰는 사람은 성실하고 보수적인 경향이 있다. 이른바 지식인에 많고 규칙이나 상식에서 벗어나는 일은 잘 하지 않는다. 융통성이 없는 타입이다.

둥근 안경을 쓰는 사람은 자신만의 세계관이 있고 개성이 뚜렷하다. 마음이 맞으면 좋은 친구도 될 수 있지만 취미나 가치관이 다르면 서로를 이해하기 힘들지도 모른다.

지적으로 보이고 싶을 때는
안경을 쓴다

여성이 안경을 썼을 때는 성실한 이미지와 동시에 완고한 이미지를 줄 수 있는데, 콘택트렌즈가 아닌 안경을 고르는 행동은 외적으로 화려하게 보이기보다 지적으로 보이고 싶은 것이다.

달리 보면, 지성에 강한 콤플렉스를 가지고 있을 수 있다. 그러나 여성스러움을 어필하고 싶은 본심도 있을 것이다. 안경 중에서도 메탈 프레임 안경을 고르는 여성은 지적인 분위기를 내면서도 은근한 여성스러움도 함께 어필하고 싶어 한다.

플라스틱 소재의 셀룰로이드테의 안경을 고르는 여성은 인간관계에 적극적이고 활발한 여성이 많으며 치장에도 신경을 쓴다. 새롭게 이미지를 바꾸고 싶다는 바람도 강하고 때와 장소에 맞게 다른 색상이나 모양의 안경을 쓰기도 한다.

안경을 쓰는 여성은 딱딱하지는 않을까 하고 처음부터 멀리하지 말고 안경 너머의 본모습을 관찰하면 몰랐던 본심을 발견할지도 모른다.

3

소지품으로
심리를 읽는다

틈만 나면
전화를 거는 심리

틈만 나면 전화를 거는 사람이 있다. 전화를 걸어서는 "요즘 어떻게 지내?" "잘 지내?"처럼 용건 없이 안부를 묻는 내용이 대부분이다. 이런 사람은 주로 넓고 얕은 인간관계를 쌓는다. 즉 깊은 관계를 맺지 못하기 때문에 먼저 전화를 해도 인사 정도만 주고받는 것이다. 그럼에도 불구하고 쉬는 시간이나, 역에서 전철을 기다리고 있을 때 등, 조금이라도 시간이 나면 바로 전화를 거는 이유는 누군가와 연결되어 있지 않으면 고독이나 불안을 느끼기 때문이다.

표면적 인간관계밖에 쌓을 수 없어 생기는 외로움이나 자신에 대한 열등감을 해소하고자 전화를 하며, 타인과 이야기하는 것으로 친구가 많다고 생각하고 안도감을 얻는다. 이런 사람은 타인과 깊은 관계를 맺고 싶어 하지만 상처받는 일이 두려워서 깊은 인간관계를 가지는 일을 무의식적으로 피한다.

그 때문에 상대방에게 상담을 요청받아도 도망치는 일이 많다. 언뜻 보면 대인관계에 적극적인 사람으로 보일지 모르지만 사실은 사람을 사귀는 일에 대해 두려움이 숨겨져 있을 가능성이 크다.

다른 사람 앞에서
크게 통화하는 사람의 속내

거리, 식당, 지하철 등 사람이 많이 모여 있는 공공장소에서, 주위에 폐를 끼친다는 의식은 전혀 없이 큰 목소리로 통화를 하는 사람이 있다. 이런 사람은 자기중심적이고 과시하고 싶은 욕구가 있다.

주위의 전혀 알지 못하는 사람들에게도 자신의 존재를 마구 드러내고 싶어 어쩔 줄을 모른다. 이런 타입은 카페에서 주문할 때도 의미 없이 큰 목소리로 웨이터를 부르거나 부하를 꾸짖을 때도 상대방의 기분은 생각하지 않고 사람들 앞에서 야단을 친다.

주위에서 그것을 불쾌하다고 생각하는 것도 알지 못한다. 그뿐만 아니라 그런 자신이 대담하고 멋있다고 생각하기 때문에 태도를 고칠 생각은 조금도 없다. 주위의 분위기를 읽을 줄 모르는 사람, 상대의 기분을 이해하지 못하는 사람이라고도 할 수 있다.

전화했을 때도 일방적으로 자기 얘기만을 한다. 상대가 이런 태도를 질려 하는 것도 전혀 모르고 계속 말한다. 자신을 과시하고 싶다는 생각밖에 없을지도 모른다.

대화 도중에 걸려 온 전화 통화를
길게 하는 사람

　누군가와 만나고 있을 때 휴대전화가 울렸다고 하자. 그다지 중요한 이야기도 아닌데, 앞의 상대를 내버려 두고 전화 상대와 이야기에 열중하는 사람은 지금의 흥미에 사로잡히기 쉬운 타입이다.

　누군가와 만나서 한창 이야기하고 있을 때 전화가 걸려 오면, 그 자리에서 간단히 이야기하고 나중에 다시 거는 것이 만나는 상대에 대한 예의이다.

　하지만 이 타입의 사람은 전화 상대와의 대화에 열중하느라 만나는 사람은 아예 잊어버린다. 상대가 기다리다 못해 지쳐 노골적으로 짜증을 내도 통화에 열중하는 동안에는 자신의 기분만 생각한다.

　상대의 불쾌함을 전혀 알아차리지 못하기 때문에 전화를 끊은 다음에도 미안해하는 기색도 없다. 이런 사람은 먼저 누군가와 만나기로 약속을 잡아도 다른 재미있는 자리가 있으면 선약을 취소하고 보다 재미있는 자리에 간다. 그다지 신뢰할 수 있는 타입이 아니다.

틈만 나면
문자를 확인하는 심리

친구와 만나서 이야기할 때도 한 손에는 휴대전화로 문자를 빈번히 확인하는 사람이 많다. 상대방의 입장에서는 '나보다 문자를 더 신경 쓰는 건가?' 하고 화가 날 것이다. 실제로 이런 사람은 이야기에 집중하지 않고 있는 것이다.

이들 중에서는 외로움을 잘 타는 사람이 많고, 주위로부터 미움받고 싶지 않다는 생각이 강하기 때문에 상대방의 반응만 신경 쓴다.

친구와 만나는 것도 그 때문이지만 그때마저도 자신이 문자를 보낸 사람의 반응을 신경 쓴다. 게다가 상대에게 답장이 오지 않으면 '화가 난 게 아닐까' '날 싫어하는 건 아닐까' 하고 걱정돼서 그 생각으로 머리가 꽉 찬다.

특히, 그룹 채팅처럼 다수의 상대와 동시에 채팅을 할 때는 이야기의 흐름에 뒤처지고 싶지 않다는 생각이 강해서 다른 일은 신경을 쓰지 못하고 휴대전화에서 눈을 떼지 못한다. 문자 상대의 반응에 신경 쓰는 행동과 달리 눈앞에 있는 상대에게 배려가 없고 이기적으로 군다.

셀카를 선호하는
사람의 내면

　휴대전화 카메라로 자신의 얼굴만 찍는 사람은 자기애가 강한 사람이다. 즉 나르시시스트로 항상 주변에서 자신을 어떻게 보는지 걱정하는 사람이 많다.

　이상적으로 생각하는 자신에 더욱 가까워지기 위해 자기를 꾸미는 데 여념이 없고 주위에서 알아주길 원한다. 그 때문에 '요즘 인기가 많은 레스토랑에서 식사하고 있어요'라는 코멘트와 함께 사진을 첨부해 SNS에 올린다.

　혹은 친구에게도 사진과 함께 문자를 보낸다. 친구 입장에서는 특별히 알고 싶지 않은 정보이지만 자신에게 관심이 있다고 믿는 경향이 있어 상대의 생각은 전혀 신경 쓰지 않는다. 즉, 둔하고 과하게 긍정적인 사람이지만 특별히 악의가 있는 타입은 아니고 자랑을 많이 하는 것을 빼면 괜찮다.

　한편, 휴대전화 카메라를 사용해 친구나 가족 등 자신 이외의 인물을 찍는 사람은 주위를 신경 쓰는 타입이다. 분위기 파악을 잘해서 상황에 맞게 적절히 처신하고 협조성이 있다.

사진 찍는 모습으로 보는
자신감 정도

사진을 찍을 때 표정이나 포즈로 그 사람의 자신감 정도를 알 수 있다.

예를 들어, 자기애가 강한 사람은 눈을 크게 뜨고 카메라 쪽을 확실히 본다. 겉모습에도 내면에도 자신이 있기 때문에 여유 있게 미소를 지으며 카메라 렌즈를 볼 수 있다. 주위에 느끼는 콤플렉스도 적어 사교적이고 일에서도 일상에서도 활발히 행동한다.

반대로 자신이 없는 사람은 시선이 카메라 쪽으로 향하지 않고 아래로 향하기 쉽다. 가능한 찍히지 않게 남의 뒤에 숨는 듯한 기색을 보이기도 한다.

이는 열등감이나 불안, 또 모든 일에 소극적이라는 뜻이다.

참고로 얼굴 사진 찍기 좋은 각도나 포즈를 알고 있어 반드시 그 각도로 사진을 찍어 주길 바라는 사람이 있는데 자의식이 강하고 항상 주위에 잘 보이고 싶어 하는 경향이 있다.

일부러 휴대전화를
쓰지 않는 심리

남녀노소를 불구하고 대부분 사람이 휴대전화를 갖고 있지만 세상의 흐름을 거슬러 휴대전화를 갖지 않는 사람도 있다.

이런 사람은 완고하거나 특이한 사람이 많다. 예를 들어 유행을 따르는 행동을 싫어하고 기피하며 휴대전화로 모든 일을 처리하는 지금의 풍조가 마음에 들지 않고 이에 반발심을 갖고 있다. 주위 사람들과 다르고 싶다는 생각과 다르다는 자신감으로 같은 행동은 하려고 하지 않는다.

두 가지 타입이 있는데 첫 번째 타입은 대인관계에 지나치게 큰 자신감이 있어 휴대전화로 연락을 주고받지 않아도 인간관계가 굳건하리라 믿으며 불안을 느끼지 않는 타입이다. 두 번째 타입은 원래부터 사람 사귀는 일이 싫어서 연락을 하지 않아도 좋다고 생각해 소통을 피한다.

양쪽 타입 모두 자존심이 강해서 휴대전화의 필요성을 느껴도 '갖지 않겠다'고 주위에 공표했기 때문에 이를 철회할 타이밍을 놓치고 있을 지도 모른다.

친한 사이에도
사무적 답장을 보낸다면?

사적으로 주고받는 메일은 상대방과의 사이가 친밀할수록 편하게 말하는 법이다. 그러나 사적인 사이에도 불구하고 비즈니스 메일을 방불케 하는 딱딱한 글을 쓰는 사람이 있다.

내용도 '알겠습니다' '잘 부탁드립니다' 등 간단한 메시지로 용건만 있거나 경어를 사용한다. 이런 사람은 상대와 그다지 친해지고 싶지 않은 것이다. 친해지고 싶은 상대에게는 자연스럽게 자기 자신을 어필하고 싶어지기 마련이다.

설령 비즈니스 메일이더라도 '저번에 말씀해 주신 가게에 가 봤습니다'처럼 일과 관계없는 정보를 쓰거나 '용건이 있으시면 언제든 연락 주세요'라며 개방적인 태도를 취한다.

사적인 메일로도 용건만 이야기하는 것은 상대에게 그다지 관심이 없기 때문이다. 이쪽에서 어지간한 신경을 쓰지 않는 한 사이가 깊어지기는 어렵다.

선호하는 수첩으로도
성격을 알 수 있다

'비즈니스 수첩'은 가방에 넣어 다니기도 편리하며 장식도 적고 심플하다. 경제적이고 간편하기 때문에 애용하는 사람이 많다. 일정을 조정하는 수첩으로서 최소한의 역할을 하는 비즈니스 수첩을 사용하는 사람은 실용주의적 경향이 강하다.

양쪽을 비교하면 사용 목적에 따라 용지를 바꿀 수 있는 '시스템 수첩'은 취향대로 수첩을 꾸밀 수 있기 때문에 낭비가 없다.

시스템 수첩을 애용하는 사람은 사물을 볼 때 합리적으로 보며 이론을 중요하게 생각한다. 시스템 수첩은 비즈니스 수첩에 비해 들고 다니기 불편할 때도 있지만 여러 가지 메모장과 년 단위의 일정에서부터 주간 계획표에 이르기까지 필요한 정보를 빽빽이 가득 담을 수 있다.

일도 사생활도 모두 한 권으로 커버할 수 있기 때문에 비즈니스 수첩과 비교하면 여러 가지 수고를 줄일 수 있어 합리적이다. 이렇게 수첩 하나에서도 그 사람의 성격이 나타난다.

테이블 위에
문구류를 펼치는 의도

교섭하거나 상대방을 설득할 때 유리하게 이야기를 전개하고 싶다면, 상대가 수첩과 펜 등을 테이블 위에 크게 펼치고 시작하는지 봐야 한다.

사람에게는 물리적 경계선이 없기 때문에 자신의 영역이 침범당하면 심리적으로 위축된다. 테이블을 가운데 두고 마주한 상대가 수첩과 펜, 서류처럼 자신의 소지품을 이쪽 가까이 민다면 영역을 침해한다고 생각할 수 있다.

자신의 소지품을 활용해 테이블 위를 넓게 씀으로써 보다 많은 공간을 지배하고, 모르는 사이에 남의 영역 안에 있는 기분이 들도록 만들지도 모른다.

이렇게 되면 자기도 모르게 소극적인 태도가 될 수도 있다. 그러니 만약 상대가 자신의 영역을 침해한다고 느끼면 커피 컵을 치우는 척 등을 하면서 자연스럽게 원래대로 되돌려 보자. 그러면 부자연스러움이 느껴지지 않을 것이다.

메모 방식으로
파악하는 성격

수첩에 메모하는 방식으로도 상대방의 성격을 알 수 있다. 예를 들어 스케줄칸에 예정을 자세하게 빼곡히 적는 사람은 아무 예정이 없으면 안절부절 못하는 타입이다. 바쁘니까 쉴 수 있는 시간이 필요하다고 말하면서 정작 예정이 없으면 불안해한다. 억지로라도 일정을 넣지 않으면 외로워하고 열등감을 느낀다.

이런 타입의 사람은 항상 부지런히 행동하고 있으나 마음의 여유가 별로 없다. 그 때문에 안절부절 못하는 경우가 많고, 예정 시간이 되어 갑자기 예정이 취소되면 상상 이상으로 화를 내기도 한다.

또한 업무에 관한 일정 이외에도 그날 일어난 일이나 자신의 기분, 식사 메뉴 등을 일기 대신에 세세히 수첩에 적는 사람이 있다. 그 뒤 적은 정보를 의미도 없이 나중에 몇 번이나 되풀이해 보지만 이는 미래의 일보다도 추억 속의 자신에게 신경을 쓴다는 뜻이다. 주변 사람과 적극적으로 관계를 맺기보다 자신의 세계에 갇혀서 지내고 싶은 내향적 성격을 드러낸다.

볼펜으로 보는
스트레스 정도

회의나 협의 중에 볼펜이나 샤프의 위쪽을 씹는 사람이 있다. 그 사람은 신경질적이고 부정적인 타입일지도 모른다.

이런 사람은 '내가 아무리 노력해도 되는 일이 없어'라고 부정적으로 생각하는 경향이 있다. 그래서 스트레스나 불만이 쌓이기 쉬운데, 그것을 잘 발산하지도 못한다.

쌓인 스트레스를 펜을 씹는 행동으로 해소하는 것이다. 이런 타입은 새 프로젝트 등을 맡겨도 '어차피 잘 안 될 거야' 하고 처음부터 부정적인 생각을 하는 경향이 강하다. 심지어 이런 자세가 주위사람들에게 나쁜 영향을 줄 수도 있다.

또 일을 하고 있을 때, 손끝으로 볼펜을 빙글빙글 돌리는 버릇이 있는 사람은 집중력이 부족한 사람이다. 학창 시절에도 시험공부는 뒷전으로 미루고 딴짓을 하거나 공상을 하며 연필을 돌렸을 것이다.

본래 해야 할 일보다 다른 것으로 현실 도피를 하거나 다른 일에 정신이 팔려 일에 집중을 못 하는 것이다.

명함을 교환할 때도
성격을 파악할 수 있다

명함을 받거나 첫 대면에서 상대의 이름을 듣고 바로 "좋은 이름이네요" 하고 칭찬할 때가 있다. 그것이 진심이든 겉치레 말이든 상대방의 반응에 따라 자존심이 강한 사람인지 아닌지를 판단할 수 있다. 자존심이 강한 사람 중에서는 자신의 이름을 좋아하는 사람이 많다.

그 자리에서 "네, 마음에 듭니다"라든가 "괜찮은 이름이죠" 하는 답변이 오면 그 사람은 자존심이 높을 가능성이 크다. 이런 사람은 추어올려 주면 어려운 부탁도 흔쾌히 들어 주고 내 편이 되어 준다. 좋은 파트너가 될 가능성도 있다.

반면 이름을 칭찬했을 때 "저는 제 이름을 별로 좋아하지 않습니다"라거나 "다른 이름이 좋았는데" 하고 말하면 매사에 비관적인 사람이다.

"어차피 뭘 해도 잘 안 된다"고 자신을 비하하며 일에서도 소극적이다. 큰일을 같이 해도 좀처럼 움직여 주지 않고 부정적으로 반응하여 같은 팀원의 사기를 떨어뜨리니 조심하는 편이 좋다.

숄더백을
애용하는 심리

　가방을 드는 일이 귀찮아도 집에서 쉬는 날이 아닌 이상 빈손으로 나가기 어렵다. 대부분 남성 직장인들은 검은색처럼 어두운 색에 기능성이 뛰어난 가방을 가지고 있는 사람이 많지만, 어깨에 멜 수 있는 숄더백을 선택하는 사람이 있다. 이런 스타일을 선호하는 사람은 호기심이 왕성하고, 자유분방한 가치관을 가졌다. 일에만 집중하지 않고, 취미 등 자신의 세계를 중요하게 여기는 타입이다.

　게다가 하나에만 편중되지 않고, 자신만의 균형을 유지하며 언제나 새로운 기분으로 하루하루를 보내는 사람이 많다.

　숄더백을 애용하는 직업은 신문기자나 카메라맨 등 무엇인가 만들어 내는 일에 종사하는 이미지를 떠올리게 한다. 상상력이나 자유로운 발상이 요구되는 일에서는 숄더백처럼 양손이 구애받지 않고 자유롭게 움직일 수 있는 가방이 사랑받을 수밖에 없는지도 모른다.

　이런 타입은 섬세한 일면도 있다. 일이나 가정에서 뭔가 문제가 생기면 갑자기 균형 감각이 무너져 취미에 매달리는 경우가 있는 점도 기억해 두자.

4

기호품으로
심리를 읽는다

협상 시 상대방이
넥타이를 다시 맨다면 긴장하라

협상할 때 상대방이 넥타이를 다시 매거나, 몸에 착용하는 물건을 자꾸 만지는 동작을 하면 주의 깊게 봐야 한다. 이러한 동작은 이야기 내용이 마음에 들지 않아 스트레스나 불쾌감을 느끼고 있다는 신호이기도 하다.

넥타이를 다시 매거나 복장의 흐트러짐을 정돈하는 것은 마음을 가다듬기 위함이다. 이쪽의 이야기에 납득하지 않고, 내용에 대해서 반격할 준비를 할 수도 있다.

또 넥타이를 다시 매는 동작으로 주위를 환기하려는 심리도 작용한다. '교섭 내용에 납득하고 있지 않음'을 은근히 드러내는 것으로 이를 눈치채지 못하고 이야기를 진행하면 상대방을 더욱 불쾌하게 만들 것이다.

상대방이 무엇을 불쾌하게 여기는지 스트레스의 원인이 되는지를 생각해서 제안 내용이나 교섭 방법을 바꾸는 것이 좋다. 경우에 따라서는 그날의 교섭은 중단하고, 다른 날 다시 만나는 일이 좋은 결과로 이어질지도 모른다.

손목시계로 보는
생활 스타일

미팅 자리에서 여성이 남성을 확인하는 방법 중 하나가 손목시계에 있다고 한다. 어떤 손목시계를 차고 있는지에 따라 상대방의 재력이나 생활 스타일을 보는 것이다.

이런 방법이 완전히 근거 없는 것은 아니다. 차고 있는 손목시계를 보고 상대방의 심리도 알 수 있기 때문이다. 예를 들어 롤렉스 등 고급 브랜드 시계를 차는 사람은 지위나 체면을 중요하게 여기는 타입이다. 품질이 높은 것을 골라서 장기간 소중하게 사용하자는 생각을 한다면 합리적인 사람으로 볼 수 있다. 브랜드도 아닌 손목시계를 고른 사람은 망가지면 바로 또 다른 시계를 사서 바꾸면 된다고 생각하는 사람이 많고, 매사에 집착하지 않고 실용성을 중요하게 여긴다.

이처럼 손목시계 하나에서도 여러 가지를 알 수 있는데, 주의해야 할 점은 손목시계로 섣불리 재력을 판단하는 것이다. 왜냐하면 빚을 내서 고급시계를 산 사람도 있을 것이고, 싼 가격의 시계를 차더라도 제대로 저금을 하는 사람도 있다. 값싼 시계를 차고 있다고 해서 얕보다가 그의 능력과 부를 알고 큰코다칠지도 모른다.

시계를 힐끔힐끔
보는 사람이 원하는 것

한참 이야기를 하는 중에 상대방이 시계를 힐끔힐끔 보기 시작했다면 '이제 집에 가고 싶어'라는 무언의 사인이다. 다음 예정이 있어서 이제 그만 자리를 뜨고 싶지만 요령 있게 끊질 못하고 시간이 신경 쓰여 고민하는 것이다. 혹은 예정은 없어도 다른 곳에 신경을 쓰느라 사람을 만나는 데 집중하지 못할 수도 있다.

어느 쪽이던지 이쪽의 이야기에 전혀 집중하지 않은 경우가 다반사다. 긴 시간을 함께 있었다고 할지라도 그 이상의 친교를 깊이 하는 것은 불가능하고, 일의 교섭이라면 그 교섭은 잘 이루어지지 않을 가능성이 높다.

의식적이던지 아니던지, 상대방은 시계를 보는 행동으로 '자리를 뜨고 싶다'고 표현하는 것이므로 먼저 "오늘은 이쯤에서 그만할까요"라고 일단락 짓는 것이 현명하다. 그 편이 눈치가 빠른 사람이라는 인상을 심어 줄 수 있고, 다음에 만났을 때 이야기를 유리하게 끌어 나갈 수도 있다. 쓸데없이 버텨서 '눈치 없는 사람'이라는 딱지가 붙지 않도록 조심해야 한다.

손목시계를 차고 있는 사람과
차고 있지 않은 사람의 차이

손목시계를 단순한 패션 소품이나 시간을 알려 주는 장치쯤으로 가볍게 생각한다. 그러나 손목시계를 차고 있는 사람은 차지 않은 사람과 비교했을 때 인생에 큰 차이가 있다고 한다.

미국의 심리학자가 실시한 실험 결과, 손목시계를 차는 사람은 차고 있지 않은 사람보다 확실한 목표 의식이 있고, 시간을 허투루 쓰지 않는다고 한다.

이런 사람은 일에서도 사생활에서도 정확하게 시간을 관리하는 일이 가능한데다 계획성이 있다. 시간을 잘 절약하고 남은 시간을 취미나 좋아하는 일을 하는 데 쓸 수 있기 때문에 생활도 야무지게 하는 사람이 많다.

한편, 손목시계를 차고 있지 않은 사람은 시간이나 인간관계에 속박당하는 일을 싫어하고 자유롭게 마음 가는 대로 살고 싶은 타입이 많다.

그러나 사람에 따라서는 계획성이 없고 목표 의식이 낮은 경우도 있다. 게다가 눈앞의 일을 일단 넘기면 된다고 생각하기 쉽다. 사생활에서는 상대방을 속박하지 않기 때문에 가벼운 마음으로 친분을 유지할 수 있을 것이다.

지갑으로
아는 심리

외출할 때 꼭 챙기는 물건이 지갑일 것이다. 지갑에는 주인의 복잡한 심리가 투영된다. 예를 들면, 카드를 사용하는 빈도가 높은 순으로 나열해 넣어 두거나, 지폐를 넣어 둔 방향도 정확하게 같은 방향으로 지갑을 정리한 사람은 자신의 생활도 딱 부러지게 조절할 수 있는 경우가 많다. 세심한 성격에 깔끔한 처리를 선호하는 사람이다.

반면에 영수증이나 불필요한 포인트 카드 등으로 꽉 찬 지갑을 가진 사람은 작은 걱정이 많고 소유욕이 강한 경우다. 물건을 쉽게 버리지 못하며, 방도 잘 정리하지 않고 쉽게 어지르는 경향이 있다.

또, 고가의 지갑을 가진 사람은 경제관념이 뚜렷하고 낭비도 하지 않는다. 좋은 지갑을 오랫동안 쓰는 사람이기도 하다.

지갑을 쓰지 않고 돈만 가지고 다니는 사람은 현실 도피를 하기 쉬운 경향이 있고, 계획을 잘 세우지 않는다.

데이트나 업무 파트너와 만날 때 등 상대방이 지갑을 꺼낼 기회가 있으면 슬쩍 확인해 보는 것도 좋다. 숨길 수 없는 상대방의 본질이 보일지도 모른다.

넥타이를 느슨하게 매는
남성의 심리

회사에서 돌아오자마자 넥타이를 느슨하게 매는 남성이 많다. 경우에 따라서는 벨트까지 살짝 푸는 사람도 있을 것이다. 이것은 단지 목 주변이나 허리 주변이 답답해서가 아니다. 무의식중에 '회사 바깥 모드'에서 '회사 안 모드'로 태도를 바꾸는 행동이다.

이런 사람은 영업처에서는 단정히 넥타이를 매고 능력 있는 영업맨의 모습을 보여 주지만 회사 내에 돌아와서 보고서를 쓸 때는 넥타이나 벨트를 느슨하게 해서 편하게 쉰 다음에 일하려고 한다. 즉 회사 바깥에서 격식을 차린 얼굴과 회사 안에서 있는 그대로의 얼굴을 잘 나눠 사용하는 것이다.

회사 밖에서도 회사 안에서도 항상 격식 차린 얼굴로 긴장이 계속되면 스트레스가 쌓이지만 이런 타입은 기분을 조절해 스트레스를 받지 않고 일에 전념할 수 있다.

반대로 회사 내에서도 단정하게 넥타이를 매는 사람은 성실한 성격으로 어떤 일도 대충하는 법이 없다. 하지만 기분 전환이나 스트레스 조절을 못하는 타입이다.

커플 시계를 원하는
사람의 속내

어느 시대나 연인이 같은 물건을 몸에 지니고 서로의 애정을 기념하는 행동은 있었다. 현대에 와서 커플로 맞출 수 있는 물건은 티셔츠, 구두, 액세서리 등 종류가 다양하지만 그중에서도 여자친구와 커플 시계를 원하는 남성이 있다면 조금 더 주의 깊게 살펴보자.

여자친구를 속박하고 싶은 심리가 숨어 있을지도 모른다. 심리학적으로 봤을 때 손목시계는 '속박의 상징'이다. 손목시계를 연인과 커플로 하고 싶어 한다는 뜻은 서로 구속하고 싶다는 의도인지도 모른다.

게다가 커플 시계를 하고 있으면, 주위에도 두 사람의 관계를 어필하는 것이 가능하다. 즉, 손목시계가 결혼반지의 역할을 하면서 자기 외의 남성이 연인에게 접근하는 것을 막을 수 있다.

이 타입은 자신도 구속당하고 싶기 때문에 바람을 피울 위험은 낮지만 질투심이 많아 여성의 마음이 변하면 폭력적 성향을 드러낼지도 모른다. 집착이 강해 헤어질 때도 고생할 수 있다.

골초는 외로움을
많이 탄다?

금연하려고 마음먹어도 마지막으로 한 대만 더 피자는 생각으로 계속해서 담배를 피우는 골초가 있다. 이렇게 담배를 많이 피는 사람은 얼핏 보면 와일드한 느낌이 들지만, 심리적으로 보면 그 반대인 경우가 많다.

담배를 입에 물고 있지 않으면 안심할 수 없다는 뜻은 아기가 장난감 젖꼭지를 놓지 못하는 것과 근본적으로 같은 이유이다. 아기는 장난감 젖꼭지를 무는 행동으로 긴장과 불안을 완화시키고 엄마에게서 받을 수 있는 안도감과 닮은 편안함을 느낀다.

골초는 스트레스나 불안, 고독 등을 해소하지 못하는 사람이 많다. 이를 완화시키고 안도감을 얻기 위해 아이가 장난감 젖꼭지를 무는 행동처럼 담배를 손에서 놓지 못한다.

담배를 입에 물고 살며 거친 듯 보여도 내면은 어리광을 잘 피우고 외로움도 잘 타는 사람이 많을 것이다.

담배 연기를 뿜는
방식으로 보는 성격

담배를 피우는 방식 또한 그 사람의 내면을 아는 힌트가 되기 때문에 조금 관찰해 보면 재미있는 사실을 알 수 있다. 엄밀히 말하면 피우는 방식이 아니라 연기를 내뿜는 방식이다.

먼저 연기를 위를 향해 뿜는 사람은 자신감이 넘치는 사람이다. 위로 뿜는 행동은 연기로 자신을 감추는 듯한 모습인데 이는 오히려 자신의 존재감을 높이려는 의도이다.

반대로 아래를 향해 뿜는 사람은 소극적인 타입이며, 입 옆으로 후 하고 작게 뿜는 사람도 마찬가지로 얌전하고 여린 사람이 많다. 양쪽 다 소극적인 타입임에는 틀림없으나, 달리 보면 배려를 할 줄 아는 사람이다.

문제는 사람이 눈앞에 있는데도 신경 쓰지 않고 사람의 얼굴 쪽으로 대놓고 뿜는 사람이다. 예의와 교양 없는 행동을 당당하게 하는 것은 그만큼 공격적이고 그 자리를 지배하고 싶다는 욕구 때문이다. 하지만 애초에 담배를 피우는 사람 중에는 불안에서부터 벗어나고 마음의 안정을 얻으려는 사람이 많다. 언뜻 봤을 때 고압적으로 보이는 태도로 연기를 뿜는 사람이라도, 사실은 소심한 성격을 가진 경우도 있다.

담배를 피우는 사람에게
숨겨진 공격적 성향?

흡연자 중에는 "담배를 피우면 마음이 가라앉는다"고 주장하는 사람도 많다. 그렇다면 담배를 피우는 쪽이 피우지 않는 사람보다 화를 가라앉힐 수 있는 걸까?

사실은 그 반대이다. 미국에서 실시한 실험에 따르면 담배를 피우는 사람은 피우지 않는 사람보다 화내기 쉽고, 공격적인 경향이 있다고 한다.

온화해 보이는 인상의 사람이라도 담배를 많이 피운다면 가라앉히고 싶은 화가 많은지도 모른다. 특히 교섭 상대가 이런 경우 온화해 보여도 고집이 센 타입이 아닌지 의심해 봐야 거래를 할 때 큰 문제가 생기지 않는다.

담배 연기에는 화를 증폭시키는 효과가 있고, 담배 냄새가 나는 방은 그렇지 않은 방보다 짜증이 나기 쉽다는 실험 결과도 있었다. 문을 굳게 닫아 놓은 회의실에서 담배 연기가 자욱이 피어오른다면 그것만으로 그 장소에 있는 사람들은 화를 내기 쉬워진다.

매끄럽게 진행해야 할 회의가 불필요한 말다툼이나 쓸데없는 충돌을 빚는 경우도 있으므로 조심하자.

담배를 끄는 방법으로
유추하는 그날의 기분

담배를 피우는 사람과 동석했을 때 재떨이에 있는 담배꽁초를 보자. 그 사람의 그날 기분이나 성격을 알 수 있다. 예를 들면 조금 피우다가 금방 비벼 끄거나 시간이 얼마 지나지 않았는데 다시 담배에 불을 붙였다 바로 다시 비벼 끄는 사람이 있다. 이런 사람은 성격이 급하고, 침착하지 못하며 모든 일에 짜증을 내기 쉽다.

한편 담배를 정확히 같은 길이로 피우는 사람은 성실하고 세심한 성격이다. 담배꽁초도 막무가내로 비벼서 끄는 일이 없고, 깔끔하게 정렬해 놓는다. 정해진 대로 일을 처리하고 싶어 하며 정리를 하는 데 능하지만 다소 융통성이 없다.

그런데 상대방 앞에 평소보다 담배꽁초가 많은 경우는 조금 더 주의를 기울이자. 스트레스나 불안이 쌓여 짜증이 난 경우다. 이럴 때는 기분을 가라앉히기 위해 무의식중에 평소보다 많이 담배를 피우는 것이다.

읽는 책으로
보는 성격

독서를 좋아하는 사람이라도 읽는 책의 종류는 저마다 다르며 단순히 취향이 아니라 심리적 부분도 담겨 있다. 따라서 어떤 책을 즐겨 읽는지를 보면 성향을 알 수 있다.

직장인 중 전쟁물, 역사물을 좋아하는 사람이 많은데, 이런 타입의 사람은 출세욕이 강하고 공격욕을 숨기고 있다. 지금 일하는 회사나 직장을 전국시대로 변환시켜 전략을 짜는 일을 상상하는 사람이다.

베스트셀러만 보는 사람은 깊이 읽는 책을 읽기보다 유행을 뒤쫓기 때문에 교양이 낮은 측면도 있으나, 현실성이 강하고 행동력 또한 뛰어나다. 시대의 흐름에 민감한 반면 상사와 부딪히는 때도 있을 수 있다.

비즈니스 도서를 계속해서 독파하는 사람은 근본은 성실하지만, 분석력이 떨어지는 경우가 있다. 좀처럼 일이 잘 안 되는 불안감을 비즈니스 도서를 읽어 해결하려고 한다.

가까이 있는 소품을
만지는 심리

볼펜을 손가락 사이로 빙글빙글 돌리고 있는 사람을 잘 볼 수 있는데, 펜이든 핸드폰이든 무턱대고 만지는 사람에게는 공통점이 있다.

알라바마 대학교의 찰스 쥬벨의 연구에 따르면, 이런 버릇을 가지는 사람은 무엇이든 반발하고 싶어 하는 타입이라고 한다. 그렇다고 진심으로 반발하고 싶은 일을 반발하는 것이 아니라 마음속으로는 '예스'라고 생각하면서도 입으로 나오는 말은 '노'라고 하는 청개구리 체질이다.

조금 성가시지만 본심을 말과 정반대로 알고 있으면 다루기 어렵지도 않다. 예스인지 노인지가 아니라 어느 쪽이 좋은지 선택지를 주면 반발하는 횟수도 줄어든다. 즉 반발할 수 있는 요소를 없애면 된다.

또 정면으로 반발하지 못하지만 말하고 싶은 것이 있을 때도 가까이 있는 물건을 만지기 쉽다. 말하고 싶지만 말할 수 없는 스트레스를 물건을 만짐으로써 해소하는 것이다.

처음 공부하는
독심술

초판 인쇄 2023년 8월 5일
초판 발행 2023년 8월 10일

지은이 김문성
펴낸이 김상철
발행처 스타북스
등록번호 제300-2006-00104호
주소 서울시 종로구 종로 19 르메이에르종로타운 B동 920호
전화 02) 735-1312
팩스 02) 735-5501
이메일 starbooks22@naver.com
ISBN 979-11-5795-700-2 03180

© 2023 Starbooks Inc.
Printed in Seoul, Korea